山东省委党校（山东行政学院）基本知识培训系列教材

国外马克思主义基本知识

主　编　林学启

副主编　杨东东

张雷刚

山东大学出版社

·济南·

图书在版编目(CIP)数据

国外马克思主义基本知识/林学启主编. —济南:山东大学出版社,2020.9(2021.11 重印)

山东省委党校(山东行政学院)基本知识培训系列教材/徐闻主编

ISBN 978-7-5607-6700-0

Ⅰ. ①国… Ⅱ. ①林… Ⅲ. ①马克思主义—国外—干部教育—学习参考资料 Ⅳ. ①A81

中国版本图书馆 CIP 数据核字(2020)第 172339 号

策划编辑 刘 彤
责任编辑 刘森文
封面设计 牛 钧

出版发行 山东大学出版社
社　　址 山东省济南市山大南路 20 号
邮政编码 250100
发行热线 (0531)88363008
经　　销 新华书店
印　　刷 济南华林彩印有限公司
规　　格 720 毫米×1000 毫米 1/16
　　　　 11.25 印张 138 千字
版　　次 2020 年 9 月第 1 版
印　　次 2021 年 11月第 3 次印刷
定　　价 45.00 元

山东省委党校(山东行政学院)基本知识培训系列教材
编写委员会

前言:国外马克思主义概说

一、马克思主义在20世纪的分化与发展

“20世纪是马克思主义的世纪”①,同时也是当前国外马克思主义研究的主要时间域。从广义上讲,国外马克思主义涵盖了20世纪以来中国范围之外的马克思主义。而之所以将20世纪作为时间界限,乃是因为随着恩格斯在1895年的辞世,在世界范围内出现了多种导源于马克思和恩格斯学说的马克思主义理论并存的格局。因此,我们关于“国外马克思主义”的界分,对不同学派、不同社会主义国家、不同政党的马克思主义进行研究,均始自于马克思主义的这次分化。

对于这种情况,国外马克思主义的著名研究者格雷泽和沃尔克给出了这样的描绘:

“在这个世纪,世界上许多政权都宣称是马克思主义政权:阿

---

① [南非]格雷泽、[英]戴维·M.沃克尔:《20世纪的马克思主义·导论》,王立胜译,江苏人民出版社2011年版,第11页。

富汗、阿尔巴尼亚、安哥拉、贝宁、保加利亚、中国、刚果、古巴、捷克斯洛伐克、东德、埃塞俄比亚、几内亚比绍、佛得角、匈牙利、柬埔寨、老挝、蒙古、莫桑比克、朝鲜、波兰、罗马尼亚、索马里、苏联、越南、也门以及南斯拉夫，都一度在20世纪建立过马克思主义政权。数以百计的政治组织和政党亦自称信仰马克思主义或受马克思主义影响，例如英国共产党、美国共产党、南非共产党、世界国际工人组织(International Workers of the World)、第四国际、红色高棉以及光辉道路(Sendero Luminoso)等。

20世纪还见证了受马克思原创思想的启发而建立的词汇体系，用来表述马克思主义的不同思想流派，例如，最重要的有布尔什维克、孟什维克、列宁主义、斯大林主义、托洛茨基主义、毛主义、卡斯特罗主义、奥地利马克思主义(Austro-Marxism)、分析马克思主义(Analytical Marxism)、结构主义马克思主义(Structuralism Marxism)、马克思主义人道主义(Marxist Humanism)等。另外，马克思主义的应用远远超出了政治学的范畴，不仅在社会学、经济学、历史学和哲学等我们意料之中的领域应用(马克思在这些领域有很多著作)，还被广泛应用到了心理学、人类学、生态学甚至地理学等形形色色的学科之中。随着马克思主义思想及其影响力的传播和发展，马克思主义文学、马克思主义组织和政权也有了相应的迅猛发展，信仰马克思主义者日众，马克思主义运动风起云涌，马克思主义观点在社会科学、自然科学和艺术领域内被普遍运用。可以说，无论我们怎样高估马克思主义对20世纪世界的影响都不为过。我们有理由相信，对于20世纪政治和知识格局的形成，马克思主义的贡献超过其他任何政治思想——如果有例外的话，也只有自由主义可以与它相提并论。”①

从某种意义上讲，马克思主义在20世纪获得的巨大影响，正是不同国家和地区、不同学科领域的马克思主义者从不同视角出发阐释马克思主义的结果，或者说是马克思主义分化的结果。这就恰如中国结合本国国情发展出中国特色社会主义一般。当然，这种多样化阐释之所以可能，首先源于马克思主义理论本身的开放性特质。当我们认为马克思主义理论中最重要的方法是辩证法时，就意味着它绝不会固着于已有的理论体系而封闭自身，而必然在新的时空境遇下因循事态的发展而开放出更多的理论和实践的空间。那么，具体而言，20世纪出现了哪些理论和实践上的新变化，从而促成了马克思主义的分化和发展呢？

从社会历史条件来讲，导致对马克思主义产生新解读的原因可以归结为两点。首先是国际共产主义运动的复杂命运。第一次世界大战后无产阶级暴力革命运动在不同国家和地区经历了不同命运，促使一些马克思主义者重新开始反思传统马克思主义的革命观，譬如有学者将注意力从革命的经济基础和政治条件转向革命的文化内涵和总体特征，并由此促成了西方马克思主义的诞生。本书第一章涉及的早期西方马克思主义者卢卡奇、葛兰西、柯尔施、布洛赫等就是在这一反思中成长起来的学者。其次，在资本主义社会掀起的针对现代人生存困境的思考也为批判马克思主义开启了新的视角。随着二次世界大战的爆发，孕育已久的西方文化危机逐渐凸显，主要表现为技术理性对人性的操控，人类遭遇了更为深刻的“异化”：人们日益成为工业生产线上的“螺丝钉”；大众文

① [南非]格雷泽、[英]戴维·M.沃克尔：《20世纪的马克思主义·导论》，王立胜译，江苏人民出版社2011年版，第11～12页。

化的繁荣非但没有减轻人类的生存压力，反而利用其休闲时光变相输送资本主义价值观；消费被控制的官僚社会抹平了人类存在的深层意义。事实上，这种异化状态不单单存在于资本主义社会内部，随着全球化的不断推展，它已经成为人类面临的普遍困境。因此，对这种“单向度”社会的反思成为许多国外马克思主义学者和流派讨论的主题。也正是在这个主题之下，人本主义马克思主义作为国外马克思主义理论发展中最主要的潮流登上历史舞台。

从理论发展的视角来看，20世纪西方思想的全面迸发为解读经典马克思主义理论提供了更多空间和可能性。粗略来讲，可以将20世纪西方思想归结为两个大的潮流。一是由叔本华开启的现代西方人本主义思潮，叔本华的生存意志论突破了传统理性主义的视界，将世界与人的本质界定为意志，非理性主义登场。尼采、克尔凯郭尔等沿着这一路向，以颇为激烈的方式展示出现代文明的危机和人类被异化的生存状态。可以说，正是这一思潮的出现，为纾解现代社会普遍面临的生存困境提供了理论支持，从而诞生了如存在主义马克思主义、弗洛伊德主义马克思主义等隶属于人本主义马克思主义之下的重要流派。二是由法国哲学家孔德开创的实证主义潮流，它尝试将现代科学的精密的证明程序和实证精神引入哲学思维，从而拒斥传统形而上学的独断性和虚妄性。部分国外马克思主义者——譬如阿尔都塞、德拉-沃尔佩等——正是循着这一思路，开始了对经典马克思主义的科学化解读，形成了结构主义马克思主义、新实证主义马克思主义、分析的马克思主义等诸多流派。它们共同形成了国外马克思主义中科学主义马克思主义的思潮。

除此之外，马克思《1844年经济学哲学手稿》在20世纪30年代的出版也引发了人们对马克思主义理论的不同理解。在此之前人们普遍认为，马克思主义理论主要表现为对生产力-生产关系、经济基础-上层建筑的辩证作用下人类社会发展规律的科学总结。但是《1844年经济学哲学手稿》中展示出的却是一个对人类异化问题高度重视的、充满着人道主义精神的马克思。由于这一作品属于马克思思想发展的早期阶段，因此在理论界出现了“青年马克思”和“老年马克思”之争。这场争议不仅为人本主义马克思主义和科学主义马克思主义两大思潮提供了各自的理论支撑，同时还对上世纪50年代末诞生的马克思学产生了影响。马克思学虽然并没有形成严格意义上的理论学派，但都坚持要在对青年马克思和成熟马克思思想进行严格区分的基础上，对马克思和恩格斯的生平思想、著作版本进行历史考察。不过，由于马克思学坚持对马克思和马克思主义的严格区分，引起了学术界的颇多争议。

由此可见，正是马克思主义具有的开放性特质，才使其在20世纪与各种理论的交融中、与社会主义运动的结合中绽放出更多样的理论和实践形态。马克思主义在20世纪的分化非但没有消减其生命活力，反而彰显出其更普泛的适用性。正如萨特所说：“马克思主义非但没有衰竭，而且还十分年轻，几乎是处于童年时代；它才开始刚刚发展。因此，它仍然是我们时代的哲学：它是不可超越的，因为它的情势还没有被超越。”①

二、国外马克思主义的研究对象和范围

如前所说，广义的国外马克思主义应该包括一切中国以外的马克思主义思潮，这也就涵盖了20世纪之后所有在“马克思主义”

① [法]让-保罗·萨特：《辩证理性批判》(上)，林骧华等译，安徽文艺出版社1998年版，第28页。

旗号下的理论和实践上的社会主义运动、思潮。从区域上讲,这涉及在欧洲发展起来的第二国际马克思主义,在苏联和东欧占主导地位的列宁主义和斯大林主义的马克思主义,流行于发达资本主义国家的西方马克思主义、西方马克思学,在亚非拉美等第三世界国家传播的马克思主义;另外,国外马克思主义也应该包括对国外马克思主义政党的研究。

其中,第二国际的马克思主义是指第二国际理论家继承和发展的马克思主义,这些理论家以考茨基、普列汉诺夫、梅林、拉法格和希法亭为代表,主要活跃于19世纪末20世纪初。他们中的大多数人和马克思、恩格斯有过直接接触,有些甚至是马克思、恩格斯的战友或学生。他们是马克思、恩格斯去世之后的第一代马克思主义者。而苏联和东欧的马克思主义主要是指列宁的马克思主义和斯大林的马克思主义。它们在苏联和东欧社会主义国家占据主导地位,是这些社会主义国家的意识形态和指导思想。

西方马克思主义产生于20世纪20年代,匈牙利的卢卡奇和德国的柯尔施为其早期代表人物。他们主张在西方国家要走一条既不同于无产阶级暴力革命,又不同于第二国际的社会革命道路。他们指出,要推翻资产阶级的政治和经济统治,首先要在思想文化领域对资本主义社会进行批判。这种思路一直延续到后来的法兰克福学派、弗洛伊德主义马克思主义、存在主义马克思主义那里。与此同时,另有一些西方马克思主义者希望以实证主义精神重塑马克思主义,使其更加严谨与科学。结构主义马克思主义、新实证主义马克思主义就是这方面的典型代表。

20世纪70年代之后,随着西方马克思主义的一些主要代表人物相继辞世,西方马克思主义进入低潮期,有学者甚至将之视为西方马克思主义的终结。在此之后,西方国家的马克思主义表现出更为多样化的形态，譬如分析马克思主义、后马克思主义、生态马克思主义、女性主义马克思主义等，拉克劳、墨菲、德里达、福柯、柯亨等人即当代西方马克思主义的代表人物。

西方马克思学是近年来在国内引发激烈争论的学派。围绕这个概念的名与实、其背后的意识形态指向，国内学者进行了几次富有成效的争论。一般而言，西方马克思学是指在西方，将马克思的学说和马克思主义区分开来，以科学或中立态度对待马克思的著作的学术流派，其“马克思学”一词由法国学者吕贝尔于1959年率先提出。除吕贝尔外，其代表人物还包括费切尔、麦克莱伦、安德森等。

亚洲、非洲、拉丁美洲一些国家的政治活动家也很早就接触到了马克思主义。他们以马克思主义理论为基础，结合自己国家和民族的实际状况，发展出各具特色的马克思主义。譬如在亚洲地区，有尼赫鲁在印度、苏加诺在印度尼西亚、胡志明在越南发展的马克思主义，以及缅甸共产党、马来西亚共产党、菲律宾共产党的社会主义理念；在非洲地区，形成了以坦桑尼亚尼雷尔的乌贾马社会主义、加纳的恩克鲁玛社会主义等为代表的“村社社会主义”，以及刚果、索马里、安哥拉、埃塞俄比亚和津巴布韦奉行的“科学社会主义”；在拉丁美洲有切·格瓦拉、何塞·卡洛斯·马里亚特吉的社会主义实践等。

国外马克思主义政党主要指以法国、意大利、美国、澳大利亚、日本等为代表的资本主义国家的共产党和以古巴共产党、越南共产党、朝鲜劳动党等为代表的社会主义国家执政党。其中，大多数资本主义国家的共产党在坚持马克思主义指导的同时，强调重新认识和发展马克思主义，主张建设包括工人阶级和全体劳动人民在内的群众性政党。古巴共产党提出在经济体制上既要坚持计划经济又要利用市场机制，认为没有计划就没有社会主义，不能放弃一切计划，但同时也要为市场机制打开空间。

上述介绍基本上涵盖了国外马克思主义的主体内容。但是，由于第三世界国家和地区社会主义实践、国外马克思主义政党的马克思主义理论内容繁杂，需要对其进行更加专门的研究，因此并没有将之收入本书。此外，苏联和东欧马克思主义虽然从客观上说隶属于国外马克思主义的范围，但由于其在世界马克思主义的发展和传播中发挥着重要而又独特的作用，著者难以在有限的篇章中给出系统的介绍，所以在本书中也不再涉及。

三、研究国外马克思主义的意义

中国学界对国外马克思主义的关注可以追溯到20世纪五六十年代，而英国学者佩里·安德森《西方马克思主义探讨》（中文版）和徐崇温《西方马克思主义》在20世纪80年代的出版，则全面拉开了国外马克思主义研究的大幕，并迅速引起国内学术界的关注。虽然经历过90年代初期短暂的低迷，但从90年代后期开始直至今日，国外马克思主义研究在中国热度不减，在当代中国的马克思主义研究中更是占据着十分重要的位置。2008年全球经济危机的爆发使得马克思主义的价值再度凸显，这也直接刺激和推动着国内外的马克思主义研究。可以说，了解和研究国外马克思主义，不仅有助于对马克思主义形成更加全面和系统的理解，而且也能为全球化背景下中国特色社会主义建设提供大量的理论资源。

第一，研究国外马克思主义，是全面、系统理解马克思主义的必然要求。如前所述，马克思主义理论之所以在过去的一个多世纪内保持着旺盛的生命力，乃是缘于其开放性特质。正是马克思主义的自我批判、自我解放和自我超越的理论品格使它能够在变化了的社会历史情境下做出最切合现实的分析与诊断。本书中提及的法兰克福学派、存在主义马克思主义、结构主义马克思主义、女权主义马克思主义、生态学社会主义等学派，在技术和消费异化、意识形态、社会正义、阶级与阶级对立、生态环境、女性解放等方面给出的分析，都充分证实了马克思主义的这一特质。马克思主义绝不是沉溺于某种固定结论中的僵死的理论。从这个角度讲，作为马克思主义的研究者、马克思主义理论的承袭者，也必须敞开个人的理论视界，从马克思主义的全球发展中不断更新对它的理解，以真正把握马克思主义的思想精髓。

第二，研究国外马克思主义，为全球化背景下中国特色社会主义建设提供了大量理论资源。如果说在30年前，西方马克思主义刚刚引入中国的时候，许多观点尚游离于中国实际，国外马克思主义研究主要起到的是开拓理论视野、反思教条体系的作用的话，那么在21世纪的今天，随着中国现代化转型和全球化的发展，国外马克思主义的研究主题已经与我们身边的现实发生了关联。譬如消费社会中的异化问题、生态危机问题、个体的心理结构畸变、女性主义等，均已成为全球范围内普遍存在的问题。在这种情况下，对国外马克思主义进行的相关探索，就为我们反思这一系列问题的根源，发挥中国特色社会主义优势有效防范、规避和解决这类问题提供了重要的理论指引。

目 录

第一章 早期西方马克思主义

早期西方马克思主义是诞生于20世纪20年代的一股哲学思潮。它形成于20世纪马克思主义分化的大背景之下，是欧洲共产党人和马克思主义者在探寻不同于传统马克思主义的新道路过程中凝聚而成的重要理论成果。这批马克思主义者通过对比俄国十月革命和同时期欧洲无产阶级革命的不同命运，认为必须在借鉴西方当代思想的基础上，因地制宜发展适合自己国家境况的马克思主义。不过，在对早期西方马克思主义理论及其代表人物进行介绍之前，有必要首先对"西方马克思主义"概念进行说明。

第一节 西方马克思主义概述

一、西方马克思主义的内涵

关于"西方马克思主义"这一概念，要从1923年卢卡奇的《历史和阶级意识》和柯尔施的《马克思主义和哲学》两部作品的出版开始说起。它们的问世引起第二国际和第三国际理论家的强烈批评，认为两部作品违背了正统马克思主义的基本理念。为了回应这一批评，柯尔施在1930年发表了《关于〈马克思主义和哲学〉问题的现状》一文，在为自己立场辩护的同时，将二人的这一理论称作“西方马克思主义”。他在书中写道：“一场有关现代马克思主义的一般状况的基本争论现在已经开始，而且有许多迹象表明，在一切主要的和决定性的问题上的真正分界线是存在于下列双方之间，即以考茨基的旧马克思主义正统派和新的俄国‘列宁主义’正统派之间的联盟为一方……而以当代无产阶级运动中所有批判的进步的理论趋向为另一方。”[1]这“另一方”即“西方马克思主义”。柯尔施认为，他与卢卡奇在1923年写作的两部作品就同属于西方马克思主义的范畴，而苏联马克思主义非但不是对马克思主义的发展和延续，反而导致了对它的破坏和歪曲。正是从这一时刻开始，“西方马克思主义”的概念被正式提出。

不过，这种说法在当时并没有引发太大的反响。直到1955年法国哲学家梅洛-庞蒂在《辩证法的历险》中对其进行系统论述后，西方马克思主义这一概念才获得了学界的关注。在该书中，梅洛-庞蒂承袭了柯尔施的观点，将西方马克思主义与传统马克思主义对立起来，并且第一次将卢卡奇称作“西方马克思主义”的创始人，将《历史和阶级意识》视为西方马克思主义的“圣经”。他认为“被这样理解的马克思主义，正因为它拒绝成为一种教条的历史哲学，它应当是一种革命哲学”[2]。

1976年英国学者佩里·安德森出版的《西方马克思主义探讨》

① [德]卡尔·柯尔施：《马克思主义和哲学》，王南湜、荣新海译，重庆出版社1989年版，第57页。

② Maurice Merlean-Ponty, *Adventures of the Dialectic*, Northwestern University Press, 1973, p. 35.

将对“西方马克思主义”这一概念的认知推向了新的高潮，使之在西方世界获得广泛流传。在这部作品中，安德森把卢卡奇、葛兰西、萨特、阿尔都塞、马尔库塞、德拉-沃尔佩列为西方马克思主义的主要学派或理论家，认为“西方马克思主义尽管存在种种内部分歧和对立，却仍然构成一种具有共同学术传统的理论”[①]。安德森一方面通过上述界定扩展了西方马克思主义的外延，将后来兴起的实证主义马克思主义、结构主义的马克思主义都收纳到这一范围之内，另一方面认为西方马克思主义的批判重心已经从原本的政治或经济领域转移到文化与意识形态方面。

在柯尔施、梅洛·庞蒂和安德森对“西方马克思主义”概念进行界定的基础上，又有后继学者对它做了进一步的修正。综合来看，西方学者对“西方马克思主义”概念的使用主要从以下两个方面展开。

第一，从地域角度理解西方马克思主义概念，把“西方马克思主义”等同于西方国家的马克思主义或者西欧马克思主义。安德森持有的就是这一观点，他认为西方马克思主义的理论家相对于传统的马克思主义者都来自更远的西部地区，是与东方马克思主义相对立的一种马克思主义形态；原南斯拉夫学者格尔科奇科夫也将西方马克思主义等同于欧美发达资本主义国家的马克思主义，它既包括西方国家独立的马克思主义理论，也包括西方国家共产党的理论。

第二，从意识形态角度理解西方马克思主义概念。持有这种观点的学者首先认为西方马克思主义是与正统马克思主义特别是列宁主义相对立的一种思潮。在这方面的典型代表人物就是前面

① [英]佩里·安德森：《西方马克思主义探讨》，高铦等译，人民出版社1981年版，第7页。

提到的柯尔施和梅洛-庞蒂。拉塞尔·雅各比在为《马克思主义思想辞典》撰写的词条中就证实了这一点。他指出“西方马克思主义的哲学和理论体系汇集成为向列宁主义挑战的政治体系”①。而之所以认为西方马克思主义对立于列宁主义，则缘于一种探究主题的转换，认为前者是从对经济、政治问题的分析转向了对文化和意识形态问题的分析。中国学者徐崇温就通过对安德森“地域化”理解的批评而强调“西方马克思主义”概念的意识形态视角。

需要注意的是，正因为这种对西方马克思主义的意识形态批判色彩的强调，许多研究者也就不再从严格的地域意义上来界定这一概念，譬如阿格尔就认为，只要是不同于第二国际“科学社会主义”、第三国际列宁主义和第四国际托洛茨基主义的马克思主义理论，不论存在于东方还是西方，都可被称作“西方马克思主义”。

二、西方马克思主义的形成和发展

(一)西方马克思主义的形成

西方马克思主义的出现是历史情势不断发展的结果。实际上，西方马克思主义的创立者们开始并没有打算建立一种新的马克思主义理论框架，他们只是基于欧洲无产阶级运动的一些独特性而希望因地制宜地发展马克思主义，使其能够适用于当下的情况。所谓的“西方马克思主义”在当时只不过是隶属于共产国际的西方国家某些共产党内部的“左”的思潮而已。

欧洲无产阶级革命运动的独特性在于，他们企图仿效俄国十月革命的成功而在本国开展的革命都毫无例外地全部失败了。其

① Tom Bottomore (ed.), *A Dictionary of Marxist Thought*, Blacewell, 2001, pp. 581-584.

中比较有代表性的包括1918年德国十一月革命、1919年匈牙利无产阶级革命、1923年的保加利亚和波兰革命等。这实际上成为经典马克思主义理论的一个反例,因为按照其观点,社会主义国家应该在经济高度发达的地区首先展开,而现实的情况是俄国反而成为西方革命者学习的榜样。不仅如此,苏俄共产党凭借其胜利经验而力图在其他各国共产党内强制推行"布尔什维克化",迫使其采取同样的模式开展革命。然而,欧洲马克思主义者却认为,其无产阶级革命失败的命运已经证明照搬俄国十月革命的道路是行不通的,必须重新探索一条适合自己国家情况的革命道路。自此开始,西方马克思主义就走上了一条反"正统"的道路。

西方马克思主义者分析了欧洲无产阶级革命失败的原因,认为其根源就在于无产阶级革命意识的丧失。西方资本主义社会在经历了100多年的发展之后,已经积累了一定的财富,在充分利用这些财富不断扩大生产的同时,工人的生活境况也得到了一定的改善;另一方面,资产阶级利用意识形态工具操控工人的意识,使其沉溺于相对舒适的生活环境中而无法意识到自身被剥削、被压迫的真实情况。资产阶级的"糖衣炮弹"在某种意义上消解了工人的反抗热情。所以,在西方马克思主义的创立者那里,要真正推翻资本主义,重要的不是坐等经济的发展和成熟——事实上,俄国情况已经说明,经济因素已经不再是革命能否成功的唯一条件——而是要使工人真正意识到自己被剥削压迫的地位,要进行意识领域的"革命"。由此卢卡奇提出了"总体性"的概念,这个"总体性"强调的就是不仅要进行政治革命,暴力夺取政权,而且要开展文化、思想和心理上的革命。正是这一理念的提出,使得西方马克思主义脱离了正统马克思主义的理论框架,一种被视为"异端"的马克思主义思想就此建立起来。

(二)西方马克思主义的发展阶段

总体上讲,西方马克思主义发展经历了三个时期。第一个时期是20世纪20～30年代,这是西方马克思主义的形成期,也被称作是“早期西方马克思主义”。他们倡导通过意识革命等方式来为欧洲革命寻找出路。譬如卢卡奇在1923年出版的《历史和阶级意识》中借助“总体性”概念揭示资本主义的剥削本质,激发无产阶级的反抗意识;柯尔施则在同年出版的《马克思主义与哲学》中强调马克思主义的哲学向度具有的革命性。不过,这两部著作一经出版就在共产国际内部引起轩然大波,柯尔施最终被开除出德国共产党。

然而,共产国际的这种做法反倒促成了西方马克思主义者的团结。他们逐渐脱离共产党组织,并且通过集合一部分有共同志趣的学者形成了一个研究阵营。从思想的承袭上讲,这部分学者更倾向于从黑格尔主义的角度发展、补充传统马克思主义,通过重新占有黑格尔关于人的自我意识的创造性概念,激发出马克思主义当中历史主义和人道主义的倾向。

20世纪30～60年代中期是西方马克思主义发展的鼎盛时期。之所以称之为鼎盛时期,一方面是因为该阵营内部衍生出诸多学派,譬如颇为有名的法兰克福学派、存在主义马克思主义、弗洛伊德主义马克思主义、结构主义马克思主义、新实证主义马克思主义等,均致力于从人本主义和科学主义两种不同向度来改造和发展马克思主义的观点;另一方面,这些理论的出现还引发了各类批判资本主义的社会运动,其影响力达到最大。

就这一时期西方马克思主义的研究重心而言,人本主义马克思主义和科学主义马克思主义有所不同。人本主义马克思主义——法兰克福学派、存在主义马克思主义、弗洛伊德主义马克思主义等都属于这一阵营——着重发掘马克思在《1844年经济学哲学手稿》中人的“异化”的理论，从不同视角批判资本主义对人的戕害。譬如对法西斯主义产生的心理根源进行分析，对资本主义社会工具理性、大众文化、科学技术具有的意识形态特征进行反思和批判等。而科学主义马克思主义影响相对较小，主要代表是以法国的阿尔都塞为代表人物的结构主义马克思主义和以德拉-沃尔佩为代表人物的新实证主义马克思主义。他们重申马克思主义的科学性，并且明确反对人本主义马克思主义的理论走向。

西方马克思主义发展在20世纪60年代后期到70年代进入第三个时期。不过，对于这一时期应该被视为西方马克思主义的继续发展，还是意味着西方马克思主义的终结，学界的看法并不统一。这一时期，在西方社会发生了一系列社会运动，譬如1968年法国“五月风暴”。这场由学生发动后来扩展到整个法国工人阶层的罢课罢工运动，是西方马克思主义现实政治运动中的一次力量展示，但最终以失败告终。再加上几位颇富影响力的西方马克思主义者的相继去世——法兰克福学派学者霍克海默于1973年去世、阿多诺于1969年去世，部分学者认为西方马克思主义走向终结。但是，亦有学者认为，这不过意味着西方马克思主义开放出新的存在形态，并且以更加多元的形式展示于人前，譬如分析的马克思主义、生态学马克思主义、女性主义马克思主义的出现。这些学派探讨的问题也日渐多元化，涉及科学技术的社会效应、生态危机、女性解放等。

三、西方马克思主义的特征

西方马克思主义自从20世纪20年代被确立以来，经历了不同的发展阶段，在这些阶段中西方马克思主义者就不同时期的问题开展了广泛的反思。不过，通过对其发展历程的考察可以发现，西方马克思主义从产生开始就没有形成一个统一和连贯的学术体系，各种观点之间甚至相互抵牾。但是无论如何，它们之所以被称作“西方马克思主义”，必然有其共同之处。西方马克思主义的这些共同特征可以大致归结为以下三点。

首先，从组织形式上来看，“西方马克思主义”与有组织的工人运动相脱离，是理论与实践相分离的马克思主义。由于当代资本主义国家的工人运动多是由各国共产党和社会民主党组织发动，而西方马克思主义者在观点和理念上与其完全不同，柯尔施等人甚至被逐出共产党，这导致他们长期处在与有组织的工人运动相脱离的状态。这是客观方面的原因。与此同时，就西方马克思主义者本身而言，其在后来的发展中也从主观上远离了工人运动。以法兰克福学派为例，其成员多为学院派人士，第一代领袖霍克海默从未参加任何工人阶级政党，其得力干将阿多诺对工人运动也毫无兴趣。法兰克福学派的组织机构社会研究所本身就是典型的研究机构。无怪乎安德森评价说：“西方马克思主义始终有它的独特性，使它作为一个完整的传统具有明确的定义和区分的界线。西方马克思主义首要的最根本特点是：它在结构上与政治实践相脱离。第一次世界大战以前的一代经典马克思主义者实现了理论和实践的有机统一……但从 1918 年到 1968 年这半个世纪里，这两者（理论与实践）在西欧却越来越脱离。”①

虽然西方马克思主义者没有直接组织或者领导无产阶级革命运动，但其对资本主义社会问题的反思和批判却是深刻而有意义

① ［英］佩里·安德森：《西方马克思主义探讨》，高铦等译，人民出版社 1981 年版，第 41 页。

的。1968年“五月风暴”就直接受到西方马克思主义的影响，马尔库塞被青年学生和工人视作重要的精神领袖。从这个角度看，西方马克思主义具有重要的现实意义。

其次，从研究领域上看，“西方马克思主义”的研究重心从经济基础转移到哲学和文化上层建筑领域。按照我们通常对经典马克思主义的定位，它是由哲学、政治经济学和科学社会主义组成的有机整体，体现出的是理论与实践统一的根本理念。但是“随着欧洲马克思主义越来越不把经济或政治结构作为其理论上关注的中心问题，它（即西方马克思主义——编者注）的整个重心从根本上转向了哲学”①。譬如柯尔施的《马克思主义与哲学》就是将马克思主义首先作为一种哲学来认知和理解的。而且事实上，绝大多数西方马克思主义者都是作为哲学教师在大学中谋取职位和教授理论的，从卢卡奇到阿尔都塞等，几无例外。

按照安德森的介绍，促使西方马克思主义出现上述转向的重要原因，就是马克思《1844年经济学哲学手稿》（又称“巴黎手稿”）在1932年的出版。其对西方马克思主义的几位代表人物产生了重大影响。卢卡奇是在1931年流亡莫斯科期间接触到手稿的，他说“这段历史永久地改变了他对马克思主义的解释”。而马尔库塞在1932年《社会》杂志上发文欢迎书稿的出版，认为“这些手稿把‘科学社会主义’的整个理论提到了新的地位”，并且强调手稿表达的是马克思思想的真正精髓。② 众所周知，巴黎手稿阐发的正是马克思有关于异化的哲学理论。所以从对这部手稿的理解和阐发出

① [英]佩里·安德森：《西方马克思主义探讨》，高铦等译，人民出版社1981年版，第65页。

② 参见[英]佩里·安德森：《西方马克思主义探讨》，高铦等译，人民出版社1981年版，第67页。

发，西方马克思主义者开放出了马克思主义的哲学向度，并且开始从文化批判、意识形态批判的角度介入社会批判。

最后，从对其他哲学思想的态度上看，西方马克思主义者认为要吸收西方哲学中的重要思想来丰富自己的理论。这种丰富表现在，一方面，他们将马克思主义与同时代的西方哲学家的思想进行融合发展，譬如借鉴弗洛伊德、海德格尔、拉康等人的术语、理念、思想去补充和发展马克思主义；另一方面，他们还从西方历史上著名哲学家的观点出发理解和阐发马克思的重要理论，这些哲学家包括康德、黑格尔、卢梭、休谟、谢林等。西方马克思主义诸多流派的名称多数都表现出这种“联合”，譬如黑格尔主义马克思主义、弗洛伊德主义马克思主义、拉康化马克思主义。西方马克思主义的重要研究者马丁·杰伊曾就此做过论述，他说，就连“最不屈不挠地保卫正统性的阿尔都塞，也是最混杂地容许非马克思主义思潮影响其思想的人”①。

第二节　早期西方马克思主义主要代表人物及其思想

一、卢卡奇

(一)卢卡奇的生平和著述

格奥尔格·卢卡奇(Ceorg Lukács，1885～1971)，匈牙利马克思主义哲学家、美学家，西方马克思主义哲学的奠基人。

卢卡奇出生于布达佩斯的一个犹太银行家家庭，从小就接受了良好教育。大学期间，他先后修读了法学、国民经济学、文学艺

① 转引自徐崇温:《怎样认识“西方马克思主义”》，重庆出版社 2012 年版，第 14 页。

术和哲学，1906 年在科罗茨瓦获法学博士学位，1909 年在布达佩斯大学获得哲学博士学位。其间，他还到德国柏林大学、海德堡大学攻读德国古典哲学和现代西方哲学。在这期间，他与胡塞尔、文德尔班、狄尔泰等著名哲学家都有接触，并且就学于社会学家韦伯和生命哲学家齐美尔，同早期西方马克思主义重要代表人物布洛赫成为同学和朋友。

卢卡奇的学术生涯可以总结为三个时期。第一时期称作"维也纳时期"。卢卡奇在 1918 年 12 月加入匈牙利共产党，并在次年成立的匈牙利苏维埃共和国中出任主管文化和教育的人民委员。1919 年 8 月，匈牙利苏维埃共和国被推翻，卢卡奇流亡到维也纳。正是在维也纳期间，卢卡奇将前几年写作的几篇文章结集出版，这就是标志着西方马克思主义诞生的那部著作——《历史和阶级意识》。但是，由于在这部作品中发展出的物化、总体性、阶级意识、主客体的统一等范畴与共产国际理论家的观点相背离，卢卡奇遭到了共产国际的批评。1928 年，卢卡奇化名"勃鲁姆"为匈牙利共产党起草的"勃鲁姆纲领"又遭到进一步的批评。

卢卡奇思想发展的第二个时期是"苏联时期"。在德国纳粹兴起之后，卢卡奇移居莫斯科，在苏联莫斯科马克思恩格斯研究院潜心研究理论。因为此前受到激烈批判，卢卡奇开始收敛自己的观点，甚至对此前的许多理论提出批判，其立场更接近共产国际。正是在此期间，卢卡奇潜心研读马克思《1844 年经济学哲学手稿》，并做了大量著述。

1945 年二战结束之后，卢卡奇回到匈牙利，继续从事教学和研究，这是其思想发展的第三时期。这个时期的卢卡奇重新投入到政治活动中，热心于匈牙利的社会改革运动和民主运动，并因此受到各种批评。这一时期的卢卡奇还培养出一批青年理论家，譬如赫勒、费赫尔等，正是这些年轻人后来创立了东欧新马克思主义的重要流派之一——布达佩斯学派。就自身理论发展而言，卢卡奇一方面继续就《历史和阶级意识》中的观点进行自我批评，另一方面又超越了其在苏联时期的保守立场，以日常生活等新的理论范式表达自己的观点。

除了《历史和阶级意识》之外，卢卡奇的主要著作还包括《小说理论》《青年黑格尔》《存在主义还是马克思主义》《理性的毁灭》《审美特征》《关于社会存在的本体论》等。

（二）卢卡奇的物化理论与辩证法思想

《历史和阶级意识》标志着西方马克思主义的起源，被称作"西方马克思主义的圣经"。该作品中提出的物化、总体性、主客体辩证法和阶级意识的观点，是卢卡奇精华思想的集结。

1. 物化

"物化"是贯穿《历史和阶级意识》一书的核心概念。卢卡奇给出了它的具体定义："在这里，关键问题在于，由于这种情况，人自己的活动，自己的劳动成为某种客观的、独立于人的东西，成为凭借某种与人相异化的自发活动而支配人的东西。"[①]通过这一定义可以发现，它与马克思的"异化"概念可谓如出一辙。不过卢卡奇的"物化"并非直接源于马克思，因为马克思在其中提出"异化"的《1844年经济学哲学手稿》在1932年才问世，而卢卡奇在早于其两年的《历史和阶级意识》中就已经提出了这一观点。这从一个侧面反映出"异化"或者"物化"问题在现代社会中的重要性。

在给出上述定义的基础上，卢卡奇进一步从"客观方面"和"主观方面"展示物化的内涵。就客观方面而言，是指物化产生出一个

① ［匈牙利］卢卡奇：《历史和阶级意识》，王伟光、张峰译，华夏出版社1989年版，第86页。

由事物和事物的关系组成的世界，即商品世界。人们能够认识到商品世界的规律，可以利用其规律为个人利益服务，但是却不能通过具体的行动改造它。就主观方面而言，是指人的活动与物体本身相分离，成为服从于社会的自然规律的商品，它像其他商品一样不依赖于人本身而进行自己的运动。

虽然"物化"与马克思的"异化"概念颇为相似，但是卢卡奇理论的特别之处在于，他把物化同现代社会的理性化进程联系起来，从技术理性对人的控制的角度来揭示现代社会的物化现象。由此一来，人的存在就获得了下述规定。第一，人的数字化。卢卡奇指出，发达的商品经济遵循"建立在被计算和能被计算的基础上的合理化原则"①，人也成为可被计算的要素之一。第二，主体的客体化。与人的数字化密切相关的是主体的客体化，"即人由生产过程和社会历史运动的自由自觉的主体沦为被动的、消极的客体或追随者"②。第三，人的原子化。人和人之间的关系变得冷漠、疏离，丧失了有机关联。"把生产过程机械地分解成其各个组成部分，这也破坏了生产还是'有机'的过程时个人与社会共同联结的纽带。在这方面，机械化也把个人改变成了孤立的抽象的原子，个人的工作不再把个人直接地和有机地联系起来。"③

在卢卡奇看来，物化现象在20世纪呈现出愈演愈烈的趋势。它不仅成为发达资本主义社会中所有人的普遍命运，而且已经渗透到每个人的心灵当中，人们已经自觉认同了这种状态，并且愿意与其相配合。由此一来，人们丧失了批判和超越的主体性维度。

① 衣俊卿等：《20世纪新马克思主义》，中央编译出版社2012年版，第36页。

② 衣俊卿等：《20世纪新马克思主义》，中央编译出版社2012年版，第37页。

③ [匈牙利]卢卡奇：《历史和阶级意识》，王伟光、张峰译，华夏出版社1989年版，第90页。

2.总体性

卢卡奇认为物化带来的最消极影响，在于它使人的存在和社会历史失去了最为普遍和内在的总体性。物化通过工具理性的思维方式将人类的生产活动、社会组织形式分割为各自独立的环节和部分，从而破坏了人们对世界进行总体性把握的可能性。事实上，唯有在总体性的视野中，对人自身乃至人类社会的理解才是合理的。以纺织机为例，唯有将其放置在资本主义社会总体之中，其作为资本的意义才得以体现。否则，它不过是一种生产工具而已。所以，从最基本的意义上讲，总体性强调，只有把个别的事件放置在总体中，其意义才能得到纾解。

由此出发，卢卡奇将总体性原则提升为马克思主义思想体系中的核心原则，因为唯有通过这一原则，资本主义的秘密才能够得到揭示。因而当下最重要的工作就是总体性的恢复，要通过哲学来恢复对总体性的认识。卢卡奇指出："如果哲学能够彻底改变其研究方法，集中注意那些能够并且应该知道的具体的物质整体的东西的话，那么哲学才会有可能做出这样的综合。"①

当然，这里尤其需要注意的是，卢卡奇的总体性不是排除了人的存在的总体性。事实上，他在《历史和阶级意识》中是从两个层面来揭示总体性的基本规定性的。其一是前文所讲，要在社会历史的总体性关联中来理解其各个组成部分和各要素，强调要素和整体之间辩证的统一性。其二是总体性与人的主体性的关联，总体性首先是人的存在的总体性。人不是作为抽象、孤立的存在物而生存于世，它是作为历史的主客体的统一体而存在。因为"只有

① [匈牙利]卢卡奇：《历史和阶级意识》，王伟光、张峰译，华夏出版社 1989 年版，第 111 页。

论断的主体本身是一个总体,才谈得上客体的总体性;而且主体如果想理解自身,它就必须把客体当做一个总体”①。换言之,如果人们不能够意识到自身的总体性,不能将自身理解为与社会历史发展交织在一起的总体性存在,就无法摆脱自身被物化的状态而导致难以正确地认识人类社会的总体性。由之便有了卢卡奇对主客统一的辩证法的重视。

3. 主客统一的辩证法

主客统一的辩证法是卢卡奇学说中引起重大争议的地方之一。这种争议来源于卢卡奇的如下论断,即辩证法仅仅存在于人类社会历史之中,其核心就是在社会历史发展中主体和客体的相互作用。在这个过程中,人既是创造历史的主体,同时又是社会历史的产物。卢卡奇认为,这种观点虽然最初源于黑格尔,但是马克思通过对其唯心主义观念的批判,正确地将这种辩证法继承了下来。可这就从根本上否定了由恩格斯确立下来的由不以人的意志为转移的客观过程之规律构成的辩证法。卢卡奇明确提出:“但是他(恩格斯——引者注)甚至没有提最重要的相互作用——历史过程中主体和客体之间的辩证关系,更不用说让它处于其应有的突出地位了。”②

4. 阶级意识

卢卡奇的一系列理论研究,最终都落脚在现实实践中。在他看来,对马克思主义而言,至关重要的主客统一辩证法的现实承载者就是无产阶级。只有无产阶级能够意识到这种统一性,并由此实现对社会物化状况的批判,达到人的解放。然而,无产阶级负载

---

① [匈牙利]卢卡奇:《历史和阶级意识》,王伟光、张峰译,华夏出版社 1989 年版,第 28 页。

② [匈牙利]卢卡奇:《历史和阶级意识》,王伟光、张峰译,华夏出版社 1989 年版,第 3 页。

的这种辩证统一性并非与生俱来，它必须依赖于无产阶级阶级意识的觉醒和生成。因此，阶级意识在《历史和阶级意识》中占有重要地位。

虽然通常认为，阶级贯穿于历史发展的每一个阶段，但是唯有在资本主义社会，真正的阶级意识才能够产生，并且唯有无产阶级才能有真正自觉的阶级意识。这是由无产阶级所处的特殊的历史地位所决定的。卢卡奇认为，资产阶级将人与人之间的所有关系变成了纯粹的社会关系，但是，因为资产阶级仍然囿于商品拜物教的范畴，在自然之间便认同了被物化的地位。而无产阶级则不同，“无产阶级是这种社会化过程的关键点。一方面，劳动成为商品的转变把一切‘人的’因素从无产阶级的直接存在中除掉，另一方面，同样的发展逐步地把一切‘有机的’东西，把一切同自然的直接联系从社会形式中排除出去，以至于社会化的人能够把在与人性相疏远或甚至与人性相对立的客观性中表现出来”①。

那么，无产阶级的阶级意识是怎样的意识？在卢卡奇看来，可以简单归结为以下四点：第一，是对无产阶级作为社会历史进程的“统一的主体与客体”的地位的自觉意识；第二，无产阶级阶级意识的核心是总体性在实践上的生成和在理论上的自觉，即人应当渴望“总体性”；第三，作为无产阶级阶级意识之自觉表述的无产阶级理论本质上是实践理论；第四，作为一种实践理论的现实承载者，无产阶级要改变现实与改变自我。

正是以此为基础，卢卡奇认为，推翻资本主义制度的革命首先不是政治上的暴力革命和经济革命，它们只能作为伴随者出现，最

① ［匈牙利］卢卡奇：《历史和阶级意识》，王伟光、张峰译，华夏出版社 1989 年版，第 189 页。

重要的是无产阶级意识到其总体性特点的意识革命。

二、柯尔施

(一)柯尔施的生平和著述

卡尔·柯尔施(Karl Korsch,1886～1961),德国马克思主义理论家,早期西方马克思主义代表人物之一。

柯尔施于 1886 年 5 月 15 日生于德国汉堡附近托斯泰特的一个银行职员家庭。中学毕业后先后在慕尼黑、柏林、日内瓦和耶拿等地接受高等教育,并于 1910 年在耶拿大学获得法学博士学位。柯尔施在大学毕业后的学术生涯和社会活动生涯可被粗略划分为三个阶段。

1911～1919 年是前马克思主义时期。1911 年柯尔施到英国学习法律,一战爆发后回国参军,并在战后积极参加政治活动。他先是在 1919 年加入从德国社会民主党中分裂出来的独立社会民主党,后于次年加入德国共产党。这一时期柯尔施主要受到英国费边社的影响,并因此在 1918～1920 年间即德国独立社会民主党组织的革命中提出工人委员会和实践社会主义理论。

1920～1926 年是柯尔施在德国共产党和国际共产主义运动中从事政治和理论活动的时期。他总结了一战后国际无产阶级革命运动的经验和教训,坚持以工人委员会为核心实践社会主义理论。1923 年,柯尔施担任图林根社会民主党政府司法部长,1924 年开始担任州议会和德国议会议员。不过,这一时期柯尔施所做的最重要工作就是写作《马克思主义和哲学》。他在书中批判了第二国际理论家的实证化倾向,还间接批评了列宁的一些观点。该书问世后引起轩然大波,因柯尔施拒绝修正自己的观点,于 1926 年 4 月被开除出德国共产党。

1926～1961 年是柯尔施脱离共产国际运动，独立从事教学与研究的时期，并在此间的 1928 年不再担任议员一职。因为对自己观点的坚持，柯尔施只是作为“独立的马克思主义者”参加各类活动。为了反驳来自各方的批评，他在 1930 年发表题为《关于“马克思主义和哲学”问题的现状：一个反批评》的论文，并且公开、系统地批判列宁的观点。1933 年，柯尔施移居丹麦，1936 年迁居美国。在美期间，他退出政治运动，专门从事教学工作，曾任教于图拉纳大学，并为纽约国际社会研究所工作。

柯尔施一生著述颇多，但是真正产生重大影响的，就是与卢卡奇的《历史和阶级意识》同年发表的《马克思主义和哲学》，该书系统分析了第二国际马克思主义理论的衰落和马克思主义的发展状况，引起的轰动比《历史和阶级意识》有过之而无不及。除此之外，柯尔施的作品还包括《〈资本论〉导论》《我为什么是一个马克思主义者》《今日马克思主义十论》等。

（二）柯尔施的马克思主义观

1. 马克思主义与“哲学转折”

柯尔施主要从马克思主义与哲学的关系出发阐发其观点。在他看来，20 世纪初期马克思主义遇到的最大危机就是其哲学性的丧失。他指出，“直到最近，不论是资产阶级的还是马克思主义的思想家们，对于马克思主义和哲学之间的关系可能会提出一个非常重要的理论的和实践的问题这一事实，都没有较多的了解”[①]。首先，对于资产阶级哲学家而言，他们不承认马克思主义在哲学史上的地位，认为马克思主义没有任何哲学内容存在。他们只认同

① ［德］卡尔·柯尔施：《马克思主义和哲学》，王南湜、荣新海译，重庆出版社 1989 年版，第 1 页。

独立形态的哲学，不懂得哲学观念可以存在于各种具体学科之中，也无法把握纯粹哲学的发展和社会历史发展之间的本质内在关联。其次，对于第二国际马克思主义理论家而言，他们把马克思主义学说理解为以“经济决定论”为特征的经济学说或社会学说。至于马克思主义理论中包含的哲学部分，他们认为对现实中的斗争实践是完全无用的。最后，另有一部分理论家希望建立马克思主义与哲学的关联，但却是希望通过借用其他学者的哲学来补足马克思主义，他们完全没能看到马克思主义当中内蕴的真正的哲学精神。

柯尔施认为，上述情况的出现缘于人们对哲学本性的不正确理解，或者更直接些说，缘于对哲学中理论与实践相统一的总体性原则的抛弃。这一原则在黑格尔那里被凸显出来，但却因为人们对黑格尔哲学的漠视而完全忽略了。因而当下最重要的工作，首先是重新确立马克思主义与黑格尔哲学的关系，进而唤起黑格尔哲学蕴含的关于“哲学和现实之间的辩证关系”的原则。柯尔施分析说，马克思和恩格斯正是基于这一总体性原则提出了“消灭”哲学的观念，而这里消灭的正是资产阶级学者所倡导的以独立观念形式存在的旧哲学。柯尔施指出，第二国际马克思主义者之所以否认马克思主义与哲学的关系，很大程度上是受到马克思和恩格斯所谓“消灭哲学”这一提法的影响。可是他们没有意识到，马克思与恩格斯的本意只是要消灭一种成问题的哲学形态，而非从根本上否定哲学存在的意义和理由。所以，“最近的马克思主义者已被几个众所周知的马克思的词句和恩格斯后来的几个词句所迷惑，把马克思主义废除哲学解释为用抽象的和非辩证的实证科学的体系去取代这种哲学。人们只能对这些马克思主义者的洞察力之低感到惊奇”[①]。

于是，现在到了恢复马克思主义的哲学本质的时刻。而这种更新了的哲学，就是强调以理论和实践的辩证的和革命的统一为内涵的哲学。柯尔施指出：“马克思和恩格斯的辩证唯物主义按其基本性质来说，是彻头彻尾的哲学，就像在《关于费尔巴哈的提纲》的11条中和在其他出版过和没出版过的那个时期的著作中系统地阐述的那样。它是一种革命的哲学，它的任务是以一个特殊的领域——哲学——里的战斗来参加在社会的一切领域里进行的反对整个现存秩序的革命斗争。”[②]

2. 马克思主义发展三阶段论

以理论与实践辩证统一的总体性原则为标准，柯尔施对此前马克思主义理论的产生和发展过程做了阶段划分。他认为，马克思主义虽然与哲学有着本质关联，但这一点却并不能被每个时期的马克思主义者充分展示出来。所以由马克思主义与哲学关系之关联度的不同，可以将马克思主义发展归结为三个阶段。

第一阶段是从1843年到1848年，分别以《黑格尔法哲学批判》和《共产党宣言》的出版为标志。柯尔施认为，这个时期的马克思主义理论被哲学精神所深深地渗透，是“一种把社会发展作为活的整体来理解和把握的理论；或者更确切地说，它是一种把社会革命作为活的整体来把握和实践的理论”[③]；这个时期的马克思主义理论没有将政治、经济、思想的要素作为知识的不同分支区分开来，

① ［德］卡尔·柯尔施：《马克思主义和哲学》，王南湜、荣新海译，重庆出版社1989年版，第32页。

② ［德］卡尔·柯尔施：《马克思主义和哲学》，王南湜、荣新海译，重庆出版社1989年版，第37～38页。

③ ［德］卡尔·柯尔施：《马克思主义和哲学》，王南湜、荣新海译，重庆出版社1989年版，第22～23页。

甚至在就每个方面的具体特征进行把握时，都是以历史的忠实性去分析和批判的。柯尔施指出，这个时期的马克思主义作为一种理论与实践相统一的总体性理论，表现出极其彻底的革命性。

第二阶段是从 1848 年欧洲革命到 19 世纪末，表现为一种非批判的实证性理论。柯尔施认为这一阶段的马克思主义理论失去了内在的哲学性，成为一种以分门别类的形式静止地、非辩证地、客观地反映不同社会领域情况的非批判性理论，因而对其持有一种否定态度。

当然，在这个过程中，柯尔施严格区分了马克思、恩格斯本人的理论和由其追随者们发展出的马克思主义的理论形态。他指出，由于这一阶段历史形势发生变化，马克思和恩格斯的理论也必然会随之而有所调整。譬如，从 1867 年到 1894 年的《资本论》及其他作品中的科学社会主义思想，就表现出马克思和恩格斯思想上的一些变动和发展，经济的、政治的、思想的要素也逐步分化出来，但是马克思主义理论的核心特征没有发生根本变化。“理论和实践不可割断的相互联系，作为马克思的唯物主义的第一个共产主义类型的最独特的标志，在他的体系的较后期形式中，无论如何也没有被废除。认为一个纯粹思想的理论似乎已经取代了革命意志的实践，这不过是肤浅的一瞥。”①

柯尔施认为，在这一时期出现问题的是马克思和恩格斯的追随者们，尤其是在第二国际理论家那里。他们割断了马克思主义同哲学的本质关联，将马克思的总体性理论切割为零碎的、孤立的、静止的部分去理解，并且以一种实证化的方式削去了马克思主

① [德]卡尔·柯尔施：《马克思主义和哲学》，王南湜、荣新海译，重庆出版社 1989 年版，第 25 页。

义本有的革命性和批判性。

第三阶段从20世纪初开始,延续到一个未知的未来。第三阶段是马克思主义的复兴和重建的时期。这一时期的理论家们开始重新挖掘马克思主义中的哲学内涵,重构理论与实践的统一关系,恢复马克思主义理论的总体性。不过,这种重建是从两个不同的角度出发的。其一是以列宁为代表的第三国际中的无产阶级革命家的努力。在这方面柯尔施给予了充分肯定,指出:"当列宁从理论上在一个决定性的时刻把这一问题提到议程上时,这便早早地预示着,在革命的马克思主义之中,理论和实践的内在联系已经被有意识地重建。"[①]但是,即便如此,柯尔施认为列宁等人的做法并没有真正恢复马克思主义学说的总体性原则。正是在这个意义上,柯尔施认为代表马克思主义重建的正确方向的正是那些非正统的西方马克思主义者。他进而将1923年卢卡奇的《历史和阶级意识》与他本人的《马克思主义和哲学》的出版视为一个颇富创造性的马克思主义派别的产生。他们的根本任务,就是重新恢复马克思主义在第一阶段中表现出的总体性和革命性。

三、葛兰西

(一)葛兰西的生平和著述

安东尼奥·葛兰西(Antonio Gramsci,1891～1937),早期西方马克思主义代表人物之一,意大利无产阶级革命家和理论家,意大利共产党的创始人和领袖之一。

葛兰西生于意大利撒丁岛阿莱斯镇的一个小公务员家庭。自

① [德]卡尔·柯尔施:《马克思主义和哲学》,王南湜、荣新海译,重庆出版社1989年版,第31页。

小家境贫寒,体弱多病,早年甚至无法正常学习。中学毕业后,依靠阿尔贝托基金会的奖学金支持,到都灵大学学习文学和哲学。大学期间葛兰西学习优异,阅读了大量社会主义、马克思列宁主义的著作,逐步培养起革命思想。其间,还结识了后来同为意大利共产党的创始人和领袖的陶里亚蒂。1913 年底,葛兰西加入意大利社会党。

由于健康原因,葛兰西在 1913 年之后就逐渐中断了大学学习。1914 年起,他开始为一些社会主义的刊物撰写文章,同时积极组织工人运动。1917 年 8 月都灵革命暴动失败之后,意大利社会党的许多领导人被捕入狱,葛兰西便成为都灵社会党的领导人之一,并担任都灵社会党机关报《人民呼声》周刊的编辑。在俄国十月革命的影响下,葛兰西和其他一些进步学生开始不满意意大利社会党的改良主义。1919 年 4 月,葛兰西创办了《新秩序周刊》。以周刊为核心团结起来的社会党人被列宁看作最接近布尔什维克的派别。

1919～1926 年是葛兰西集中开展革命实践的时期。在此期间,他组织都灵地区的工人委员会活动,到 1919 年 12 月底,仅都灵就有 15 万工人参加了工人委员会。不过,葛兰西等人并不满足于这类运动,1920 年 10 月,他与意大利社会党内的共产主义派别代表人物波尔迪加、特拉西尼等人在米兰发表宣言,主张把意大利社会党改造为意大利共产党。1921 年 1 月,意大利共产党成立。成立初期,由波尔迪加担任总书记,葛兰西主要在莫斯科和维也纳为共产国际工作。1924 年起葛兰西当选为意大利共产党总书记,组织一系列的反法西斯主义斗争。

1926 年,由于意大利连续发生了几起刺杀墨索里尼的行动,意大利法西斯以此为借口颁布一系列紧急法案并逮捕了葛兰西,将他投入著名的圣罗马监狱。在狱中极其艰苦的生活环境下，葛兰西不但没有停止思考，反而断断续续写出了2848页共计100万字的《狱中札记》。他在笔记中总结了国际共产主义运动的经验教训，通过对西方市民社会结构特征进行分析指出了资本主义国家无产阶级斗争的途径，并提出了著名的实践哲学思想。

除《狱中札记》之外，后人还编辑出版了葛兰西入狱前的作品《葛兰西政治著作选》《葛兰西狱前著作选》等。

（二）葛兰西的市民社会理论与实践哲学构想

1. 国家与市民社会

“市民社会”是葛兰西关于西方无产阶级革命构想的核心概念，正是因为市民社会在东西方社会中发展状况的不同，导致东西方必须以不同的策略进行无产阶级革命。

市民社会并不是葛兰西首先提出的概念，黑格尔、马克思都曾使用过这一概念。不过，他们对市民社会的理解与葛兰西稍有不同。在黑格尔、马克思看来，市民社会主要是指在资本主义社会形成的物质生产关系和经济关系，它独立于国家政权建制且拥有自主的生产、分配、交换、消费等运行模式。从这个意义上讲，市民社会隶属于经济基础的范畴。但是葛兰西在《狱中札记》一书中却扩展了市民社会的内涵，将它理解为建立在经济关系基础上的文化、伦理和意识形态活动领域，它既包括政党、工会、学校等民间社会组织代表的社会舆论领域，也包括报纸、杂志等代表的意识形态领域。市民社会作为上层建筑的组成部分的定位就此被确立下来。

葛兰西认为，作为一种上层建筑的市民社会的存在是西方资本主义国家独有的现象。而这也导致资本主义国家的社会结构与东方国家——譬如俄国——有根本不同。东方国家从未形成过以发达的商品经济和资产阶级为基础的市民社会，因而在其上层建筑中也就没有一个由社会舆论和意识形态构成的文化向度，而仅包括政治权力机构这一方面。从这个角度讲，东方国家的本质特征就是暴力和强权，国家通过军队、司法等暴力机构维持自身的统治。而西方社会因为市民社会的存在从而展示出不同的组织结构，市民社会作为与政治权力机构相平行的上层建筑，主要是以文化、伦理、意识形态上的领导来维护国家统治。所以在西方国家，国家所代表的政治领域对社会的经济生活和其它生活的安排就不再是外在的和强制性的，同样，经济领域的要求对国家和政府的制约作用也不再是直接的，而是通过市民社会的中介而更多地采取契约的、民主化的形式。因此，在市民社会发展良好的社会形态中，传统国家的性质也有所变化，其强制性开始弱化，而文化和意识形态的领导权逐渐突出。正是在这个意义上，葛兰西经常用“伦理国家”“文化国家”等来形容这种变化了的社会形态。

2.文化领导权

正是通过对东西方社会结构的对比，葛兰西得出结论说，西方不能够采取与东方国家同样的暴力革命形式推翻资本主义政权。在东方，国家暴力机器统御一切，只要以无产阶级的暴力手段打破旧的国家机器，一种新的社会结构就有可能被成功建构起来。但是在西方，无产阶级仅仅取得政治上的领导权是不够的，还必须征服市民社会，取得文化上的领导权。20世纪20年代初西方无产阶级暴力革命之所以相继失败，就是因为他们没有意识到文化领导权的重要性。

由此一来，葛兰西提出西方革命的核心就是取得文化领导权，在文化和意识形态领域取得合法地位。葛兰西指出：“一个社会集团统治着它往往会‘清除’或者甚至以武力来制服的敌对集团，他领导着同类的和结盟的集团。一个社会集团能够也必须在赢得政权之前开始行使‘领导权’(这就是赢得政权的首要条件之一);当它行使政权的时候就最终成了统治者,但它即使是牢牢地掌握住了政权,也必须继续以往的‘领导’。”①这里的“领导权”或者“领导”,就是在文化领导权意义上讲的。

那么,怎样获得文化领导权?葛兰西提出“阵地战”的形式。在他看来,阵地战不同于运动战,俄国无产阶级革命采取的是运动战,是对国家机器的直接进攻,而阵地战强调要在市民社会里对资产阶级文化和意识形态进行持续不懈的长效打击。首先攻占市民社会,才能有针对国家机器的暴力打击。

在这个过程中,葛兰西尤其重视知识分子的作用。他提出争夺文化领导权的文化革命需要新型的有机知识分子。这些知识分子不是完全陷入纯粹的理论研究之中,而是要积极介入社会现实,起到启蒙民众的批判意识、引导民众进行文化和政治革命的作用。他说:“成为新知识分子的方式不再取决于侃侃而谈,那只是情感和激情外在的和暂时的动力,要积极地参与实际生活,不仅仅是做一个雄辩者,而是要作为建设者、组织者和‘坚持不懈的劝说者’(同时超越抽象的数理精神)。”②当然,与之相对应的是,教育的功能和重要性也在葛兰西这里凸显出来,这种教育不仅仅包括通过文化启蒙将民众提升到新的文化高度上,实现民众的知识分子化,同时也强调政党在培育新型知识分子的作用。

3.实践哲学

葛兰西在《狱中札记》中反复提到“实践哲学”这一概念,并用

---

① [意]安东尼奥·葛兰西:《狱中札记》,曹雷雨等译,中国社会科学出版社2000年版,第38页。

② [意]安东尼奥·葛兰西:《狱中札记》,曹雷雨等译,中国社会科学出版社2000年版,第5页。

其指称马克思主义。之所以使用这一称谓，是为说明马克思主义不仅仅是一种理论学说，它同时也具有现实的实践意义。在葛兰西那里，实践哲学体现了马克思主义的基本精神，即不仅要解释世界，还要改变世界。

葛兰西认为，实践哲学是现代文化的产物，是人类文化发展到一定阶段的必然结果。他说："实践哲学是以所有这一切过去的文化为前提的：文艺复兴和宗教改革，德国哲学和法国革命，达尔文主义和英国古典经济学，世俗的自由主义和作为整个现代生活观的根子的这种历史主义。实践哲学是这整个精神的和道德的改革运动的顶峰，它使大众文化和高级文化之间的对照成为辩证的。"①实践哲学对现存文化思潮产生了重要影响，它同时也成为无产阶级争夺文化领导权的重要理论依据。

葛兰西还规定了实践哲学的两项工作："战胜最精致形式的现代意识形态，以便能够组成他自己的独立的知识分子集团；以及教育其文化还是中世纪的人民大众。这第二项工作，是基本的工作，它规定新哲学的性质，并不仅在数量上而且在质量上吸收它的全部力量。"②

四、布洛赫

(一)布洛赫的生平和著述

恩斯特·布洛赫(Ernst Bloch，1885～1977)，20世纪重要哲学家之一，早期西方马克思主义的重要代表人物。

布洛赫与卢卡奇同年，出生于德国巴伐利亚的一个犹太人家

① [意]葛兰西：《实践哲学》，徐崇温译，重庆出版社1990年版，第83页。
② [意]葛兰西：《实践哲学》，徐崇温译，重庆出版社1990年版，第83页。

庭。中学时期就对哲学、心理学、音乐等感兴趣,而且开始系统阅读康德、黑格尔等人的著作,并同文德尔班、马赫等著名哲学家有书信来往。1905 年布洛赫进入慕尼黑大学,师从著名心理学家、哲学家李普斯,还同胡塞尔和舍勒等建立联系。两年后转学到柏林,追随齐美尔学习,结识了卢卡奇、雅斯贝尔斯。1907 年,年仅 22 岁的布洛赫就写下了《论"尚未"范畴》,而"尚未"这一概念后来成为其理论中最核心的概念。1918 年发表成名作《乌托邦精神》。

1933 年,希特勒夺取德国政权,作为犹太人的布洛赫先是流亡到瑞士,后来辗转巴黎、布拉格等地。这个时期他已经成为一名马克思主义者,并于 1935 年发表了《这个时代的遗产》,对纳粹现象进行文化、心理和社会学方面的批判。1938 年布洛赫移居美国。旅美期间,他开始写作其最为重要的著作《希望原理》,建立起以乌托邦精神为核心的希望哲学。

1949 年,布洛赫接受东德莱比锡大学的聘请,回国执教。由于致力于从哲学角度复兴马克思主义,布洛赫得到民主德国政府的认可,曾担任柏林德国科学院院士、莱比锡大学哲学研究所所长,1955 年被民主德国政府授予国家奖状和银质祖国勋章。在这一阶段,布洛赫的《希望原理》三卷本陆续出版,其本人成为民主德国最著名的哲学家。但是,好景不长,他的观点很快就引起非议,之后他又由于质疑苏联模式是唯一的社会主义模式、主张民主德国进行政治和哲学改革等而与政府发生冲突,最终于 1957 年被视为"修正主义"的代表。

1961 年柏林墙竖起时,布洛赫向联邦德国政府提出政治避难要求,开始了他在联邦德国的学术生涯,直到 1977 年逝世。在联邦德国期间,布洛赫致力于社会主义改革和马克思主义复兴,支持学生运动,抨击越南战争,对苏联社会主义模式进行批判,表现十分活跃。布洛赫终生勤勉,在晚年的时候依然笔耕不辍,学术成果丰富。

布洛赫的代表作品,除《乌托邦精神》和《希望原理》之外,还包括《主体-客体:对黑格尔的解释》《天赋权利与人的尊严》《哲学的基本问题:"尚未存在"本体论》《图宾根哲学导论》《基督教中的无神论》《关于唯物主义的问题》等。

(二)布洛赫的乌托邦精神与希望哲学

1. 乌托邦的意义

"乌托邦"(utopia)一词最早来源于英国学者莫尔的著作《关于最完善的国家制度和乌托邦新岛》(简称《乌托邦》),作者在书中描述了一个各项政策和制度臻于完美的理想社会。其字面意义即是"不存在的地方""乌有之乡"。不过,在布洛赫使用"乌托邦"这一概念时,他强调其中阐发出的积极含义,即乌托邦作为一种理想维度,是对人自身以及人类社会的不合理状况进行批判的立足点。乌托邦的提出就是为了不断否定和超越当下,指向更美好的未来。

布洛赫认为,乌托邦并非人们外在地附加给社会的东西,它是历史和社会生活本身固有的维度,每个人都会基于其生存视野而构想出更加完美的社会形态以及更好的个人的生存状态。并且,在布洛赫看来,乌托邦作为一种在思想上的构造,与具有阶级属性的意识形态有所不同,它超脱于意识形态之上而成为不同时代的人们都有的理想。布洛赫将乌托邦视作是"文化剩余"。他说:"在这种意义上,显然存在着一种'文化剩余';某种超越并游离于特定时代的意识形态之上的东西。一旦某一时代的社会基础和意识形态衰落,唯有这种'剩余'经久不息地存在于各个时代;作为为其他时代培育果实和提供遗产的始基而继续存在。这一始基本质上是乌托邦的，而只有与之相符合的概念才是乌托邦的——具体的概念。”[①]可以说，布洛赫的全部哲学都是围绕着这种乌托邦精神而建立起来的。

2.“尚未存在”本体论

“尚未存在”本体论是乌托邦精神的具体展现。布洛赫 22 岁时写作的论文就是《论“尚未”范畴》。1918 年，布洛赫在《乌托邦精神》一书中将“尚未存在”的范畴作为其乌托邦哲学的核心范畴，而其 1961 年的专著《哲学中的基本问题：“尚未存在”本体论》也同样与“尚未存在”相关。

“尚未”的意思是“还不是”“还没有”，而这同时又潜藏着另一层含义，那就是朝向更好形态的不断生成。“还不是”，就意味着有一个更好的“是”作为指引。所以这种“尚未存在”本体论充满着人本主义精神，它强调无论是人类个体还是社会整体都有一个向未来开放、向各种可能性开放的超越性。人之为人不在于其当下具体之所在，而在于其能够自由地进行自我创造，从而实现不断的自我超越。也正是在这个基础上，布洛赫将“尚未存在”的本体论思想引向更广阔的领域，形成了乌托邦逻辑学、乌托邦认识论、乌托邦哲学史观等。

3.希望哲学

从“尚未存在”本体论出发，布洛赫发展出“希望哲学”。他认为，人之为人的生存性和开放性，就表现在以“希望”为核心的生存结构中。这里的“希望”不是一个心理学范畴，不是指个体对具体事物的渴望与期待，而是一种普遍的现实的生存结构。布洛赫在

① Ernst Bloch, *A Philosophy of the Future*, New York: Herder and Herder, 1970, p. 95.

20 世纪 50 年代发表的三卷本《希望原理》中，借助潜在性、需要、期待、可能性、希望、新奇性等概念渐次揭示希望哲学的要旨。

布洛赫强调世界的开放性和生成性，这意味着事物总是首先以“潜在性”的形式存在。事物在它的运动之中不断绽放其潜在的目的和能量，这是它不断实现自我超越的内驱力。当然，布洛赫这里所说的“潜在性”是与人的存在相关的，无论是外在世界的存在还是人类社会的进展，甚至是自然世界的变化，都因为人的介入才得以成为可能。从这个意义上讲，这种“潜在性”源于人的需要的推动，这种需要既包括最基本的生理需要，也包括情感需要和更高层次的求知需要。

布洛赫认为，正是由于各种需要的驱动，指向未来的期待就构成人的存在的本质要素或基本维度。人总在期待中超越当下，指向某种“尚未生成”之物。由此一来，“尚未生成”之物就表现为一种可能性。在此基础上，布洛赫将“可能性”进一步区分为四个方面：(1)形式的可能性，这是一种虚假的、不现实的可能性；(2)事实的认识的可能性，这表现为对具体对象的判断，这是一种有限的、局部的不完整认知；(3)与对象相一致的可能性，这种可能性只能实现对对象属性的把握，但没有显示出“尚未”的维度，即没有与人的存在和期待相联系；(4)客观的实在的可能性，这是布洛赫强调的真正具有生成性的可能性。

通过对可能性的分析，布洛赫走向了希望哲学。可能性的存在带来的是对未来的“希望”。布洛赫从主观方面和客观方面对“希望”作了规定，他认为，所谓主观的希望就是人内在的期待，而客观希望就是主观期待能够同客观实在的可能性相关联，唯有如此希望才具有了现实性。“希望”就以此种方式，在布洛赫那里成为人之生存的本体论结构。人们在希望中塑造着自身，也使人类世界处在不断的生成中。

4.具体的乌托邦

布洛赫以对“乌托邦”的思考为起始，在他对希望哲学的构思中又回到了“具体的乌托邦”。这里的“乌托邦”之所以用“具体”一词来修饰，是为强调这种乌托邦不是虚无缥缈、无法落实之物，它因着人所本然具有的超越性而表现为一种客观且现实的可能性。因而，根据布洛赫的希望哲学，具体乌托邦的生成是指，“人依据客观实在的可能性而实现自己的本质，消除主体与客体之间的二元对立或二元分裂，使社会化了的人同经过人中介了的自然相结合，达到人与自然的和谐，共同把世界创建成人类的家园”[①]。用布洛赫的说法，这其实就是“世界的人道化”。

布洛赫认为，“具体的乌托邦”因其内在的人道主义精神而与马克思主义哲学相贯通。正如其所言，“无论如何，马克思主义并非不是乌托邦，而是具体的乌托邦”[②]。马克思主义哲学就是在唤醒人内在的乌托邦冲动，促使人超越现实、摒弃物化，塑造一个人道化的世界。

① 衣俊卿等:《20 世纪新马克思主义》，中央编译出版社 2012 年版，第 165 页。

② [德]E. 布洛赫:《向乌托邦告别吗?》，梦海译，《现代哲学》2008 年第 1 期。

第二章　西方人本主义马克思主义

如前所述，在框定西方马克思主义的发展阶段时，我们以 20 世纪 30 年代——大略对应于二战时期——为界，将其发展划分为早期阶段和鼎盛阶段。早期阶段以卢卡奇、柯尔施、葛兰西、布洛赫为代表人物，他们的思想中已经展现出比较典型的人本主义特点，即从人的物化、异化的现实困境出发对资本主义社会进行批判，力求找到符合西方国家实际的无产阶级革命道路。二战时期，西方马克思主义进入众多流派并存的阶段，而从哲学立场和价值取向上看，可以将这些流派大概区分为人本主义马克思主义和科学主义马克思主义两类。其中，人本主义马克思主义居于主流地位，其代表性的学派包括法兰克福学派、弗洛伊德主义马克思主义和存在主义马克思主义等。本章将对上述流派及其代表人物的主要思想进行系统介绍。

第一节　法兰克福学派

一、法兰克福学派概述

法兰克福学学派是由法兰克福社会研究所成员组成的学术团体，是西方马克思主义各流派当中持续时间最长、影响范围最广、代表人物最多的流派。可以说，如果不了解法兰克福学派的批判理论，对20世纪人类文化精神的演进就不能实现完满的理解。

（一）法兰克福学派的产生和演变

法兰克福学派是从1923年费利克斯·韦尔（Felix Weil）建立的法兰克福社会研究所的基础上发展而来。韦尔是卡尔·柯尔施的学生，对马克思主义和工人运动十分支持。韦尔的父亲为研究所的建立提供了基金。1922年9月，韦尔向法兰克福大学提交了《关于创建社会研究所的备忘录》并最终与之达成协议，研究所遂成为法兰克福大学的学术机构之一。韦尔在《备忘录》中提出，研究所首要解决的是革命、党组织、摆脱苦难等问题。同时，他强调研究所的工作要"独立于政党—政治的考虑"来进行。

研究所倡导的思想上的独立性在第一任所长、奥地利马克思主义者卡尔·格律恩堡（Carl Grünberg）那里被鲜明地体现出来。格律恩堡在就职演说中一方面宣布自己是马克思主义的拥护者和现行社会经济制度的反对者，另一方面提出他并不是在政党政治的意义上，而是在严格科学意义上理解马克思主义。研究所以《社会主义和工人运动史文库》为机关杂志，该杂志秉持"兼收并蓄"的方针，既发表属于第二国际传统的伯恩斯坦等人的文章，也发表与第二国际和后来与共产国际相对立的卢卡奇、柯尔施等人的文章。

然而，正是因为研究所的兼收并蓄，导致它当时并没有任何鲜明的特色，亦没有太多理论创新。所以，真正意义上的以“社会批判”而闻名的法兰克福学派，其实是从研究所的第二任所长，也即后来被视作法兰克福学派第一代领导人的马克斯·霍克海默（Max Horkheimer）那里方始形成。

1930 年，霍克海默接任了格律恩堡的所长职务，即将社会研究所的杂志改名为《社会研究杂志》，并将社会批判理论作为研究所的核心理论。1931 年，霍克海默在名为《传统理论与批判理论》的就职演讲中明确提出，社会研究所将转向对社会哲学的历史研究并以此来观察当前社会。在霍克海默看来，传统的马克思主义理论不能恰当解释 20 世纪资本主义的新发展，而共产党人的马克思主义也只是机械地模仿了马克思主义的部分观念，故而社会研究所的职责就是指出一条新的、合时宜的发展道路。霍克海默的观点得到了一大批青年学者的支持，经济学家和计划经济问题专家弗里德里希·波洛克（Friedrich Pollock）、哲学家和音乐学家西奥多·阿多诺（Theodor Adorno）、哲学家赫伯特·马尔库塞（Herbert Marcuse）、大众文化和文学研究者利奥·洛文塔尔（Leo Lowenthal）等人都先后进入研究所工作。

然而，纳粹的兴起迫使研究所决定迁出德国。他们先是在日内瓦建立分支机构，把基金转移至荷兰，并于 1934 年前往美国纽约。研究所在美国期间隶属于哥伦比亚大学，其成员针对大众文化、法西斯主义的根源等进行深入研究，撰写了许多颇富影响力的著作，使得法兰克福学派的思想进一步发展。

二战之后，在联邦德国政府的一再邀请下，霍克海默、阿多诺和波洛克重新回到法兰克福，并于 1951 年重建社会研究所。而马尔库塞、弗洛姆等人则继续留在美国开展更加广泛的研究。1958

年霍克海默退休后,阿多诺继任所长。

在20世纪六七十年代,法兰克福学派的影响达到鼎盛。其学说成为60年代西方各国激进知识分子和青年学生从事反抗运动的思想指南。但是,随着20世纪60年代末70年代初阿多诺、霍克海默、马尔库塞等人的相继离世,法兰克福学派作为一个学术组织走向解体。

法兰克福学派第二代领军人物尤尔根·哈贝马斯(Jurgen Habermas)就是在1969年阿多诺去世之后接任研究所所长一职的。他在继承前辈学者社会批判旨趣的基础上,发展出著名的交往理性概念和交往行动理论。在他看来,第一代法兰克福学派的理论批判有余而建构不足,因而有必要在交往理性的基础上重构民主法治国家的新图景。不过,同为学派第二代代表人物的阿尔弗雷德·施密特(Alfred Schmidt)却不认同哈贝马斯的观点,他实际上更加忠实地坚守着学派老一代理论家的批判传统,认为其批判理论在70年代依然有效。由于与施密特在观点上的冲突,导致1971年哈贝马斯退出社会研究所,次年施密特开始担任研究所所长。1983年,哈贝马斯重回法兰克福大学任教,但学派的影响已然不再。

法兰克福社会研究所的现任所长是阿克塞尔·霍奈特(Axel Honneth)。作为哈贝马斯的学生,霍奈特自视为法兰克福学派第三代。他提出在全球化时代以承认理论为基础构建合理化社会。

(二)法兰克福学派的基本特征

要对法兰克福学派的基本特征做出描述是十分困难的,就如我们很难给出西方马克思主义的基本特征一样。如上所述,该学派在过去近90年的历史中,经历了不同的发展阶段,面对着不同的社会情况和问题,因而不同学者在观点上存在着相当大的差别,甚至会相互抵牾。以哈贝马斯为例，他便曾经由于与霍克海默在观点上的不一致而离开社会研究所。不过，即便如此，霍克海默在就职演讲《传统理论与批判理论》中给出的特征描述仍然能够帮助我们理解法兰克福学派批判理论的原旨。

第一，从研究目的来看，批判理论旨在揭露现存世界的不合理，促进社会向着一种新的和更美好的状态迈进。从这个角度讲，批判理论继承的依旧是从马克思而来的基本传统。

第二，从研究主体看，批判理论考察的是一个活生生的个体，而非如传统理论那般，将人类物化为客观性对象。从这个角度出发，可以说批判理论是人本主义的。

第三，从研究方法看，批判理论强调否定、批判的研究方法。法兰克福学派的学者们期望通过辩证批判对现实社会展开不断的否定，从而实现再启蒙，通过引发公众的反思意识，获取更大的社会动员的效果。

第四，从检验逻辑看，由于批判是对一个理想社会的描述，这种社会并不存在于现实之中，因此它只能在未来的历史进程中求证自己的预测，不断地接受现实的检验。

由此可知，法兰克福学派所要倡导的是一种彻底的、解放的马克思主义理论。它强调要具体地、历史地考察作为总体的社会，以从多学科角度出发探究更好社会的实现途径。

二、法兰克福学派主要代表人物及其思想

（一）霍克海默和阿多诺

1. 生平和著述

马克斯·霍克海默（Max Horkheimer，又译作麦克斯·霍克海默，1893～1973），法兰克福学派创始人和社会批判理论的奠基

人,20 世纪著名思想家。

霍克海默生于德国斯图加特一个富有的犹太人家庭。早年就读于慕尼黑大学、弗莱堡大学和法兰克福大学,1922 年以关于康德的《判断力批判》的论文获得博士学位。1925 年开始在法兰克福大学任教,1930 年担任法兰克福社会研究所所长,1932 年创办《社会研究杂志》。1933 年,纳粹当局取消了他的教师任职资格。霍克海默于 1934 年随研究所移居美国哥伦比亚大学,1940 年获得美国公民身份。1949 年霍克海默重返德国,重建社会研究所。1951～1953 年出任法兰克福大学校长。

霍克海默的主要著作包括《权威和家庭》《独裁主义国家》《工具理性批判》《批判理论》,还有与阿多诺合著的《启蒙辩证法》。

西奥多·阿多诺(Theodor Adorno,又译作西奥多·阿道尔诺、西奥多·阿多尔诺,1903～1969),德国哲学家、社会学家和音乐评论学家,法兰克福学派第一代重要代表人物,霍克海默的主要合作者。

阿多诺生于美因河畔一个富有的酒商家庭,从小受到良好的音乐训练。早年在法兰克福大学学习哲学、心理学和音乐。1924 年获得法兰克福大学哲学博士学位。1931 年在著名神学家保罗·蒂利希(Paul Tillich)指导下通过了大学任职资格论文,开始在法兰克福大学任教,并参与社会研究所工作。法西斯上台后,阿多诺被剥夺大学授课资格,于 1934 年流亡英国继续求学,1938 年到了美国,正式加入社会研究所。在美国期间与霍克海默合作默契,1949 与之携手回到德国重建社会研究所。1959 年接任研究所所长一职,1963 年起担任德国社会学学会主席。

阿多诺的主要著作,除与霍克海默合作的《启蒙辩证法》之外,还包括《新音乐哲学》《独裁主义人格》《棱镜:文化批判与社会》《音乐社会学导论》《否定辩证法》《美学理论》等。

2. 霍克海默和阿多诺批判的社会理论

(1)启蒙辩证法

霍克海默和阿多诺于 1947 年合作出版的《启蒙辩证法》是西方马克思主义的经典著作之一。“启蒙辩证法”反思的对象是启蒙精神，不过这里的启蒙精神并不仅仅局限在西方 17～18 世纪的启蒙运动，而是泛指人类在理性化过程中发生的强调理性至上和人对自然的技术控制的思想解放历程。在他们看来，启蒙的本意是引导人们从野蛮走向文明，但最终人们反而陷入新的野蛮之中。《启蒙辩证法》就是要剖析其所以如此的原因。

在《启蒙辩证法》中，霍克海默和阿多诺给出了启蒙精神的具体内涵。首先，启蒙精神相信理性万能，强调要借助理性将人从神话和愚昧中解放出来。经过启蒙的人们不再依照神的意旨生存，他们相信可以借助理性与知识来理解和把控世界。因而《启蒙辩证法》特别提及“经验哲学之父”培根在这场理性“革命”中做出的重要贡献，培根提出的“知识就是力量”表达了以理性精神控制和改造自然的自信。其次，理性对世界的统治不仅改变了人的行为方式和社会的组织、运行方式，同时也改变了人与自然界的关系。人类借助理性力量而成为自然界的统治者。霍克海默和阿多诺指出：“千百年来，男人们总是梦想去获得对自然的绝对占有权，把整个宇宙变成一个大猎场。正因为如此，男人的这种观念最适合于男权社会。这是男人们竭力鼓吹的理性的意义。”[①]最后，启蒙理性的最终目的是增强人的本质力量，增强人的自由，确认人在世界中

① [德]马克斯·霍克海默、西奥多·阿道尔诺：《启蒙辩证法——哲学断片》，渠敬东、曹卫东译，上海人民出版社 2003 年版，第 282～283 页。

的核心地位。

然而，事与愿违的是，启蒙并没有真正实现这一目标，“人类没有进入真正的人性状态，反而深深地陷入了野蛮状态”[①]。人类不是在启蒙中获得了全面的自由和解放，反而进入普遍异化的状态。这种异化表现为以下几个方面。首先，启蒙将人们带入新的神话当中。新神话的主体是理性本身，理性思维和科学认识成为评判、界定一切事物的标准，所有不能够还原为理性化的数字、规则的东西都被彻底消解。由此一来，看似重新挺立的人的主体性实际上被取消了。其次，人类征服自然的行动非但没能带来想象中的益处，反而破坏了人与自然的关系，导致自然对人类的报复。再次，人自身也在社会中遭遇异化。如霍克海默和阿多诺所说，“随着灵魂的对象化，人与人的关系本身，甚至于个体与其自身的关系也被神化了。个人被贬低为习惯反映和实际所需的行为方式的聚集物。泛灵论使对象精神化，而工业化却把人的灵魂物化了。自然而然地，经济机构，甚至在全盘计划之前的经济机构，为商品设定了决定着人类行为的价值”[②]。

(2)技术理性批判

技术理性批判与启蒙辩证法内在相关，因为启蒙辩证法所要批判的操控性的理性精神就表现为技术理性。最早提出技术理性概念的是社会学家马克斯·韦伯(Max Weber)。韦伯将近代资本主义的一切发展都归功于理性主义。

在韦伯看来，理性原本包含技术理性和价值理性两个层面。

---

① [德]马克斯·霍克海默、西奥多·阿道尔诺：《启蒙辩证法——哲学断片》，渠敬东、曹卫东译，上海人民出版社2003年版，前言第1页。

② [德]马克斯·霍克海默、西奥多·阿道尔诺：《启蒙辩证法》，渠敬东、曹卫东译，上海人民出版社2003年版，第25页。

其中技术理性要求以最有效的手段来实现既定目标，而价值理性同时还要关注目标本身以及实现目标之手段是否符合价值原则。然而，现代西方理性主义的发展却更多体现了技术理性的追求，也就是通过有效的技术手段实现对外在世界的控制，反而忽略了与价值理性的平衡发展。由此才带来了人的异化、人类社会的异化，人类成为技术操控的对象。这正如霍克海默与阿多诺所说："理性成为用于制造一切其他工具的工具一般，它目标专一，与可精确计算的物质生产活动一样后果严重。而物质生产活动的结果对人类而言，却超出了一切计算所能达到的范围。它最终实现了其充当纯粹目的工具的夙愿。"①

霍克海默和阿多诺认为，工具理性片面发展的最终结果，是统治合理性的形成。当一切都被物化为技术理性操控的工具，当每一个人都成为社会机器中被理性地规划着的部件时，极权精神的崛起就顺理成章了。"极权制度……任凭计算原则畅行无阻，并且惟科学是从。它的准则就是粗暴残酷的劳动效率。"②在发达资本主义社会中，技术成为用来建立新的、更易被人们信服的社会控制的工具，大众在理性的光辉中自愿成为被宰制的对象。

(3)大众文化批判

霍克海默与阿多诺的大众文化批判是对启蒙精神批判和技术理性批判的延续。大众文化是指依托文化工业和大众传媒技术形成、发展起来的，供大众进行消费的商业型文化或商品性文化。在《启蒙辩证法》中，霍克海默和阿多诺将大众文化的特点归结为齐

---

① [德]马克斯·霍克海默、西奥多·阿道尔诺：《启蒙辩证法》，渠敬东、曹卫东译，上海人民出版社 2003 年版，第27 页。

② [德]马克斯·霍克海默、西奥多·阿道尔诺：《启蒙辩证法》，渠敬东、曹卫东译，上海人民出版社 2003 年版，第95 页。

一性，换句话说，它是标准化、程式化生产的结果。虽然大众文化从表面上总是塑造出新潮的、多变的外在表现形态，但它在实际上已经失去了作为艺术品的真正个性和内核。正如两人所说："文化给一切事物都贴上了同样的标签。电影、广播和杂志制造了一个系统。不仅各个部分之间能够取得一致，各个部分在整体上也能够取得一致。甚至对那些政治上针锋相对的人来说，他们的审美活动也总是满怀热情，对钢铁机器的节奏韵律充满褒扬和赞颂。不管是在权威国家，还是在其他地方，装潢精美的工业管理建筑和展览中心到处都是一模一样。"①

大众文化的齐一性背后是它的欺骗性。它通过表现得丰富多样的文化产品缓解人们在日常劳动中的疲累，在提供所谓更多更好产品的承诺下消解人们的反抗维度，使人们沉溺于廉价的享乐中。以电影工业为例，"正因为电影总是想去制造常规观念的世界，所以，常看电影的人也会把外部世界当成他刚刚看过的影片的延伸……人们现在就越容易产生错觉，以为外部世界就是银幕上所呈现的世界那样，是直接的和延续的……真实生活再也与电影分不开了。有声电影远远超过了幻想的戏剧，对观众来说，它没有留下任何想象和思考的空间"②。人们在电影中失去了独立判断。从这个意义上讲，大众文化取得了双重胜利：它一方面消解了实在世界的真理，另一方面又在自身之内用谎言把真理重新建构起来。人们逐渐认同大众文化造就的美妙的世界图景，对现实的不满也就被不断地消解着。

① [德]马克斯·霍克海默、西奥多·阿道尔诺：《启蒙辩证法》，渠敬东、曹卫东译，上海人民出版社2003年版，第134页。

② [德]马克斯·霍克海默、西奥多·阿道尔诺：《启蒙辩证法》，渠敬东、曹卫东译，上海人民出版社2003年版，第141页。

由此霍克海默和阿多诺认为大众文化是一种具有意识形态操控性的文化形态。“大众性包含着无限制地把人们调节成娱乐工业所期望他们成为的那类人。”[①]而且，由于大众文化的无所不在性，这种欺骗和操控也时时刻刻地发挥作用：“娱乐制造商知道，即使消费者心烦意乱，仍然会消费他们的产品，因为每一个产品都是巨大的经济机器的模型，这些经济机器无论是在工作的时候，还是在闲置的时候，都会像作品那样，为大众提供有力的支持。……整个文化工业把人类塑造成能够在每个产品中都可以进行不断再生产的类型。”[②]从根本而言，这其实就是对人的异化。

(4)否定辩证法

除了与霍克海默共同就启蒙精神进行的反思之外，阿多诺还以“否定辩证法”为核心对20世纪人类异化的困境进行反思。“否定辩证法”原本由马尔库塞于1941年在其出版的《理性与革命》一书中第一次提出，但是真正对这一概念进行系统且深入研究的却是阿多诺。他于1966年出版的《否定辩证法》一书，可被视为其最重要的代表作。

阿多诺认为马克思辩证法的核心就是彻底的“否定”，这种否定不但表现为理论上的激烈的否定性，而且表现为现实中的否定性运动。他以“非同一性”和“绝对否定”作为否定辩证法的核心理念。

在阿多诺看来，传统哲学的特点是强调同一性，甚至黑格尔、海德格尔的哲学都充满着这种同一性精神。而同一性在现代社会

① [联邦德国]麦克斯·霍克海默：《批判理论》，李小兵译，重庆出版社1989年版，第275页。

② [德]马克斯·霍克海默、西奥多·阿道尔诺：《启蒙辩证法》，渠敬东、曹卫东译，上海人民出版社2003年版，第142页。

带来的危险是巨大的,它最典型的表现形式是德国法西斯的奥斯威辛集中营。如其所说,奥斯威辛集中营中实施屠杀行动的法西斯分子都是受过良好教育、有着不俗的审美品位的人,他们是颇富理性精神的个体,他们的残杀行动都是基于科学的管理、精细的实验方式来完成的,“通过管理手段对数百万人的谋杀使得死亡成了一件在样子上并不可怕的事情。个人经验生命的死亡再也不可能像是与生命过程相符合的事情”[①]。可以说,正是人们几百年来孜孜以求的理性精神、以理性来衡量一切和安排一切的这种寻求同一化的理念带来了赤裸裸的杀戮。在理性同一性原则之下,并不存在具体的生存着的个体,而只有被看作是试验品的冷冰冰的对象。正是在这个意义上,阿多诺写出了那个著名的句子:“奥斯威辛之后,不再有诗。”

正是基于对同一性带来的残酷后果的反思,阿多诺才格外强调“非同一性”的重要性。非同一性要打破的就是同一性带来的体系建构、本体论哲学及其所奠基的基础主义的理念。并不存在被所有人认可的所谓基础、本质、核心,有的只是差异、个别性和特殊性。在他看来:“除非是在个人意识的运动中,否则主体根本没有办法把握一般概念,修剪个体之结果不会产生一个被清理掉偶然性杂质的更高级的主体,而只是产生一个无意识地模仿的主体。”[②]消除差异的结果就是一体化,就是个体因为被收录到普遍整体中而带来的人性的丧失。

在此基础之上,阿多诺强调否定辩证法的本质精神是“绝对否定”。这种绝对否定甚至超越了黑格尔的“否定之否定”,因为后者

① [德]阿多尔诺:《否定的辩证法》,张峰译,重庆出版社 1993 年版,第 362 页。

② [德]阿多尔诺:《否定的辩证法》,张峰译,重庆出版社 1993 年版,第 45～46 页。

从根本上讲还是肯定的，其否定之否定的结果最终导致肯定。所以，阿多诺要走的不是“肯定—否定—否定之否定”的道路，而是更为彻底的“否定—否定—再否定”的道路。

由此一来，阿多诺否定辩证法的革命性和批判性就一览无余了。阿多诺认为否定辩证法坚持的就是“瓦解的逻辑”：“它的运动不是倾向于每一客体和其概念之间的差异中的同一性，而是怀疑一切同一性；它的逻辑是一种瓦解的逻辑：瓦解认识主体首先面对的概念的、准备好的和对象化的形式。”[①]而且，阿多诺认为，这种瓦解的逻辑、这种否定性并不是外在地附加于人类身上的，它植根于人的自由本质之中。所谓自由，就是要抵制压抑，否定现状，“自由的人只能是不需要屈从于二者择一境况的人，而且在现存条件下多少可以自由地拒绝接受可供选择物。自由意味着批判并改造境况，而不是在境况的强制结构中作出决定来证明境况”[②]。人本性中的这种自由、超越性使得否定成为必然。

(二)马尔库塞

1. 马尔库塞的生平和著述

赫伯特·马尔库塞(Herbert Marcuse，1898～1979)，法兰克福学派核心成员之一，积极的社会活动家，被誉为“新左派之父”和“青年造反之父”。

马尔库塞生于德国柏林一个犹太人家庭。1916 年开始在德国军队服役，其间，在柏林大学、弗莱堡大学攻读博士学位。1917 年加入德国社会民主党，因不满该党叛变革命于 1922 年退出，同年获得弗莱堡大学哲学博士学位，之后在柏林出版行业工作。1928

① [德]阿多尔诺：《否定的辩证法》，张峰译，重庆出版社 1993 年版，第 142 页。

② [德]阿多尔诺：《否定的辩证法》，张峰译，重庆出版社 1993 年版，第 222 页脚注。

年重返弗莱堡大学，受教于胡塞尔和海德格尔，并在海德格尔指导下完成任职资格论文。后因与海德格尔观点相左，1932 年进入法兰克福大学社会研究所。1933 年跟随研究所流亡日内瓦，1934 年赴美国。1940 年成为美国公民，曾任职于美国陆军情报部门，负责反对纳粹的宣传工作。战后，马尔库塞先后在哥伦比亚大学、哈佛大学、耶鲁大学、加利福尼亚大学等校任教。

马尔库塞的主要著作包括《历史唯物主义基础》《理性与革命》《爱欲与文明》《苏联马克思主义》《单向度的人》《文化与社会》《论解放》《反革命与造反》《审美之维》等。

2. 马尔库塞：艺术与革命的辩证法

从理论渊源上看，马尔库塞的思想受到黑格尔、马克思、海德格尔和弗洛伊德的影响。海德格尔对人的存在境况的分析开启了马尔库塞人本主义的思路，但由于“并不能深入理解统治人的具体社会结构，具体来说，不能理解人的最根本的实践活动——劳动的意义”[①]，马尔库塞转向马克思主义，又从黑格尔哲学中汲取否定性思想，以此为支撑对极权主义国家展开批判。但是，正如我们在讨论卢卡奇理论时所说，单靠马克思倡导之社会物质领域的暴力革命，击溃在社会结构、管理体制、意识形态等方面均已发生变化的西方发达工业社会已是不可能的事情，必须寻找新的道路。弗洛伊德的影响此时显露出来，并成为马尔库塞理论发展的另一个支点。马尔库塞通过对弗洛伊德理论进行马克思主义化的阐释，对现代工业社会进行全面诊断，从压抑与异化、爱欲与解放、艺术与革命的角度寻找建立非压抑的社会文明的新路径。从这个角度

① [美]赫伯特·马尔库塞：《审美之维》，李小兵译，广西师范大学出版社 2001 年版，译序第 5 页。

讲，马尔库塞同时又是弗洛伊德主义马克思主义的代表人物。

(1)爱欲与文明的辩证法

马尔库塞社会批判的出发点是弗洛伊德的爱欲理论。爱欲即“生命本能”，它存在于人类心理结构中的“本我”层次，“是保存一切生命的巨大的统一力量”。[①] 弗洛伊德认为，现代文明是建立在对爱欲的压抑基础之上的，因为爱欲作为毫无节制的本能冲动会带来社会的无序和动乱。通过压抑爱欲才能阻止人们走向毁灭，从而促进人类文明的进步。

然而，在马尔库塞看来，问题并不像弗洛伊德想象的这般简单。压抑爱欲的最终结果是一种普遍的统治机制的产生，从最初对个体本能的压抑走向普遍社会压抑，人们在这种境况下很容易走向对权威的认同。这就是爱欲与文明的辩证法。压抑爱欲的目的原本是为了成全文明的进步，最终却将人类引入更加封闭的牢笼。

正是因为意识到这一问题，马尔库塞对本能压抑理论进行重构。他将压抑分作“基本压抑”和“额外压抑”两类。“基本压抑”是人类为了维持自身生存所必须进行的压抑，这类压抑是人类文明建构的基础。不过“基本压抑”在现代科学技术迅速发展、物质资料不断丰富的情况下已经不再具有必然性。现代资本主义社会中的压抑其实是“额外压抑”，它是为了维护个人的利益而人为设立的压抑原则。在马尔库塞看来，正是这种额外压抑造成西方社会的“单向度”特征。

(2)单向度的社会与单向度的人

“单向度”与“辩证”相对，指人们在对现行秩序的认同中失去

① [美]赫伯特·马尔库塞:《爱欲与文明》，黄勇、薛民译，上海译文出版社 2008 年版，第 14 页。

了反思意识，甘于接受“额外压抑”。发达工业社会对人类的压抑是随着科学技术的不断进步实现的。在这一点上，马尔库塞与霍克海默、阿多诺的观点是一致的。

马尔库塞分析说，人们之所以表现为一种单向度特点，是因为资本主义技术理性的控制是一种舒服、安稳的控制形式，它令置身于其中的个体毫无察觉。社会操控者甚至借助于制造虚假需要的方式，为兢兢业业工作的大众提供满足的假象。马尔库塞说：“现行的大多数需要，诸如休息、娱乐、按广告宣传来处世和消费、爱和恨别人之所爱和所恨，都属于虚假的需要这一范畴之列。”“满足这种需要或许会使个人感到十分高兴，但……结果是不幸之中的欣慰。”①不过，从现实的情况看，工业社会中的大众正在顺从地接受着技术赐予的“福利”。所以，单向度社会的最可怕之处在于它取消了任何反抗的可能性。

(3)高雅艺术与前卫艺术的对决

基于对“额外压抑”的分析及其导致的单向度后果，马尔库塞认为，必须要消解压抑实现爱欲的解放。为此他选择以艺术作为突破口，认为只有在艺术中才能“展示出被忘却的真理，而这种真理在现实生活中却被‘现实主义’所战胜。真理靠美的帮助，恢复了自身的光彩并摆脱了当下境况。艺术中出现的东西都是没有强制而出现的东西”②。只是，在何种艺术形式能够更好地实现解放目标的问题上，马尔库塞一直犹疑不决，因为高雅艺术与前卫艺术都以不同方式释放出其解放潜能。

高雅艺术的解放性表现在，它总是通过塑造一个超越现实的

---

① [美]赫伯特·马尔库塞：《单向度的人》，刘继译，上海译文出版社2008年版，第6页。

② [美]赫伯特·马尔库塞：《审美之维》，李小兵译，广西师范大学出版社2001年版，第24页。

理想社会来帮助人们反照普遍压抑所形成的社会现实。而且，这其中至关重要的一点是，艺术能够唤醒长期被理性所压制的感性要素，这对于单纯求取效率而忽略个体存在价值、个体感受的技术理性来说是重要的矫正。不过，即便如此，马尔库塞还是看到高雅艺术被收编的可能性，因为那可以用来反照现实的艺术理想同时也可能成为抚慰人心的工具。"'生存的幸福……只有作为在幻象中的幸福才是可能的'。但是，这种幻象具有一种真实的效果，它可以产生满足。"[①]若是艺术被政府用来塑造美好世界的幻象而使民众沉迷其间，其批判性也就被彻底消解了。

正是因为看到高雅艺术问题，马尔库塞转向了前卫艺术。前卫艺术作为在20世纪60年代"大拒绝"运动的一种表现形式，拥有着巨大的解放潜力。前卫艺术看不惯传统艺术躲在形而上的想象空间中，借助绵软无力的超越性向单向度社会示威。它首先要造传统艺术的反。前卫艺术尤其强调打破传统艺术对形式的执着追求，譬如古典音乐对旋律、节奏以及和声规则的严格要求等，期待更加直接的反抗手段："艺术中反艺术的爆发……以许多人们熟悉的形式表现自己：如句法的破坏，语词和句子的分割，日常语言的爆炸性运用，没有乐谱的曲调，随意写成的奏鸣曲。"[②]不仅如此，马尔库塞还提出"新感性"概念来为前卫艺术的反抗提供理念支撑。他指出，新感性与爱欲密切相关，它是解放爱欲的主要形式，"表现着生命本能对攻击性和罪恶的超升，它将在社会的范围内，

① [美]赫伯特·马尔库塞：《审美之维》，李小兵译，广西师范大学出版社2001年版，第30～31页。

② [美]赫伯特·马尔库塞：《审美之维》，李小兵译，广西师范大学出版社2001年版，第113页。"反艺术"是在反对高雅艺术的意义上使用的，它本身也是艺术，"前卫艺术"就是"反艺术"的一种重要表现方式。

孕育出充满生命的需求，以消除不公正和苦难；它将构织‘生活标准’向更高水平的进化”[①]。

然而，按照马尔库塞所讲，前卫艺术也没有摆脱掉最终被收编的命运。他在《论解放》中论述道：“今天的反抗造成的消除，只是一种人为的、短暂的消除。”[②]无论是黑人的污言秽语，还是充满反抗激情的摇滚乐，抑或先锋派的诗歌，最后都被市场吞没和变形，变得没有任何批判能力。

(4)审美乌托邦的回归

随着20世纪60年代艺术反叛之火的熄灭，马尔库塞从热闹的街头重归书斋，回到高雅艺术的审美世界之中。这缘于前卫艺术给他带来的启示。第一，艺术的革命性不在于它如何向现实转化，而在于艺术与现实的张力。艺术只有作为现实的他者，才拥有批判与反抗的能量。越是非现实的，才越是革命的。第二，艺术革命的主体不再可能是普通民众，正相反，“受压迫的阶级即‘人民’，越是屈从于现实的力量，艺术就越会与这些‘人民’疏远”[③]。因此，是艺术的贵族，而非日常大众，才可能成为真正的革命者。于是，以艺术家为主体展开的美学革命，成为马尔库塞进行社会批判的最终方案，它将带来一个全新的审美乌托邦。

(三)哈贝马斯

1.哈贝马斯的生平和著述

尤尔根·哈贝马斯(Jurgen Habermas，1929～)，法兰克福学

---

① [美]赫伯特·马尔库塞：《审美之维》，李小兵译，广西师范大学出版社2001年版，第98页。

② [美]赫伯特·马尔库塞：《审美之维》，李小兵译，广西师范大学出版社2001年版，第109页。

③ [美]赫伯特·马尔库塞：《审美之维》，李小兵译，广西师范大学出版社2001年版，第212页。

派第二代领军人物，德国著名哲学家、社会学家，至今依然活跃在理论领域。

哈贝马斯生于莱茵省杜塞尔多夫市的一个中产阶级家庭。他大体上属于二战之后成长起来的一代人，目睹了二战中德国的战败，对于德国法西斯主义的罪行深感困惑，是 1945 年后寻找新生活方向的一代人。1949 年，哈贝马斯进入哥廷根大学学习哲学、心理学、历史学、经济学和文学等，1954 年以关于谢林哲学的论文在波恩大学获得哲学博士学位。1955 年进入法兰克福社会研究所，担任阿多诺的助手。后来由于与霍克海默意见不统一，其大学任职资格论文未能获得通过，1961 年开始在海德堡大学任教。1964 年，在阿多诺的强力支持下，哈贝马斯重回社会研究所，担任法兰克福大学哲学与社会学教授之职。1969 年阿多诺去世后，接任社会研究所所长。

20 世纪 60 年代末欧美学生运动盛行之时，哈贝马斯一度对其表示积极支持，但后来对学生的过激形式表示不满，与学生领袖发生争执。激进学生称他为“文化革命的叛徒”。1971 年，哈贝马斯离开法兰克福到慕尼黑附近的小城斯滕伯格任普朗克研究所所长。1983 年又回到法兰克福研究所，直到 1994 年退休。

哈贝马斯是一位多产作家，除散见于报纸杂志的数量可观的文章外，出版著作有 30 余部，主要著作包括《公共领域的结构转型》《理论与实践》《论社会科学的逻辑》《作为意识形态的技术与科学》《认识与兴趣》《合法化危机》《交往与社会进化》《交往行动理论》《道德意识与交往行动》《现代性的哲学话语》《后形而上学思想》《在事实与规范之间》《包容他者》《后民族结构》《在自然主义与宗教之间》等。

2. 哈贝马斯的批判理论

按照学界观点，哈贝马斯思想可以归结为四个发展时期。第一个时期是前交往期（1959～1968）。这个时期哈贝马斯的研究主题是资产阶级公共领域的历史分析以及认识论的历史重建。哈贝马斯通过对实证主义和历史主义的批判，提出了一种批判科学的概念。第二个时期是交往期（1969～1981）。这期间哈贝马斯从重建历史唯物主义的角度入手，初步完成了其作为社会批判工具的交往行为理论体系的建立。第三个时期为后交往期（1982～1989）。哈贝马斯主要致力于对现代性范畴的历史清理和对形而上学思想的批判，用以抵抗后现代主义和阐述一种建立在语言学转向（linguistic turn）基础上的“后形而上学思想”，从纵向（思想史）和横向（形而上学批判）的角度，对交往行为理论进行元论证。最后一个时期是反思期（1990 年至今），此时哈贝马斯开始有意识地把交往行为理论向政治哲学和法哲学领域推进，主张建立一种新型的话语政治模式，提倡用程序主义来重建民主制度。① 由于哈贝马斯理论涉及范围广、跨度大，难以对之做系统全面的论述，在此仅抽取其最具代表性的思想做一简单介绍。

（1）公共领域的结构转型

《公共领域的结构转型》是哈贝马斯第一部正式出版的著作，该书聚焦于对资本主义公共领域的研究。他将公共领域“理解为一个由私人集合而成的公众的领域；但私人随即就要求这一受上层控制的公共领域反对公共权力机关自身，以便就基本上已经属于私人，但仍然具有公共性质的商品交换和社会劳动领域中的一

---

① 关于哈贝马斯的思想分期，可参见曹卫东：《曹卫东讲哈贝马斯》（北京大学出版社 2005 年版，第 12～14 页）、[德]哈贝马斯著，曹卫东选译：《哈贝马斯精粹》（南京大学出版社 2004 年版，第 2～3 页）等。

般交换规则等问题同公共权力机关展开讨论”[①]。换言之，公共领域就是公众遵循自由、民主、正义原则进行理性商讨以达成非强制性共识，从而抵制公共权力机关（即国家）对私人空间的侵犯，以维护公众自身的权力与利益的公共空间。公共领域具有如下几个特征：其一，公开性，即所有市民都有平等的机会进入公共领域，就相关的普遍利益问题发表自己的独立见解；其二，批判性，公共领域存在的目的是要针对公共权力机关的政策或其他共同关心的问题展开监督与批判，保障公众权利免受践踏；其三，理性，它强调具有独立人格的公众个体经由合理的对话程序形成理性结论。

哈贝马斯指出，公共领域是人类社会进入自由资本主义阶段才出现，因为只有在资本主义社会才有国家与社会的分离，或者说政治权力和社会再生产的分离。分离的结果是国家权力机关可能会给个体经济利益或者私人生活带来侵害，公共领域由之产生以保障公众权利。不过，从历史发展的角度看，当资本主义社会从自由阶段进入垄断阶段之后，由于国家对社会越来越多的介入，国家与社会界限的日益模糊，公共领域的独立性受到侵害。这就是哈贝马斯笔下的公共领域的结构转型，批判的公共领域演化成整合的公共领域——权力机关通过媒介、政党等不同形式引导公众舆论和思考，公共领域成为操控民众意愿的空间。这个观点实际上与葛兰西所说的市民社会理论是内在一致的。

即便公共领域在现实中走向衰落，但哈贝马斯至少描绘出一个关于它的理想范型。这种规范性理解一直指引着哈贝马斯的思考，使其经由交往理性的转向而建构出更为完备的公共领域的结构形态。

---

① [德]哈贝马斯：《公共领域的结构转型》，曹卫东等译，学林出版社 1999 年版，第 32 页。

(2)交往行动理论的提出

交往行动理论是哈贝马斯理论中最为核心的部分,也是为他赢得最多学术声誉的部分。所谓交往行为,是哈贝马斯给出的社会行为分类中的一种,指以语言符号为媒介发生的交互性行为,其目的是达到主体间的理解和一致。“我把以符号为媒介的相互作用理解为交往活动。相互作用是按照必须遵守的规范进行的,而必须遵守的规范规定着相互的行为期待,并且必须得到至少两个行动的主体[人]的理解和承认。”[①]与交往行为相对的另一种行为模式是目的性行为或者策略性行为,它的特点是通过寻找有效手段实现既定目标。在哈贝马斯看来,这两类行为分别由交往理性和技术(工具)理性所支撑,展示为“主—客体”和“主体—主体”不同的结构形态。而现代社会的异化问题、公共领域的衰落,归根结底都是因为技术理性的过度发展所带来的交往理性的缺失,人们热衷于以一种主体—客体化的思维模式处理所有问题。因而,恢复交往理性是改善人类生存困境、实现人类解放的可能路径。

那么,具体而言,成功的交往该如何进行,才能达到主体间的相互理解?哈贝马斯认为主体间的理解必须通过可论证的话语实现,而可论证话语则要满足可理解性、真实性、真诚性和正确性的有效性要求。“言说者必须选择一个可领会的表达以便说者和听者能够相互理解;言说者必须有提供一个真实陈述(或陈述性内容,该内容的存在性先决条件已经得到满足)的意向,以便听者能够分享说者的知识;言说者必须真诚地表达他的意向以便听者能相信说话者的话语(能信任他);最后,言说者必须选择一种本身是

① [德]哈贝马斯:《作为“意识形态”的技术与科学》,李黎、郭官义译,学林出版社 1999 年版,第 49 页。

正确的话语，以便听者能够接受之，从而使言说者和听者能在以公认的规范为背景的话语中达到认同。”[①]此外，“理想言语环境”必不可少。“为了开始建构符合规范的言语，一个必要条件就是，个体一开始就已经处于一个共同的言语和行为环境中，并且在这个语境中通过参与自由交往……而达成一致，从而共同建立起一种经过论证的言语方式。”[②]

(3)历史唯物主义的重建

哈贝马斯对社会行为所做的区分，尤其是对交往行为的强调，从一个侧面展示出其理论与马克思主义的区别。众所周知，在历史唯物主义的思想体系中，劳动概念是理解社会的钥匙，劳动的过程即是人的自我生产的过程。哈贝马斯却认为，劳动和交往是人类的两种最基本的存在方式，因而其理论的“出发点是劳动和相互作用之间的根本区别”[③]。在他看来，人们在劳动中展示出的只是一种工具理性的思维方式——“我把‘劳动’或曰目的理性的活动理解为工具的活动，或者合理的选择，或两者的结合”[④]——它更为侧重生产力的发展，注重的是对外在自然的控制。而交往行动与劳动在性质上是完全不同的，它指向人类的内在自然的发展，重视在交往中形成的人与人之间的规范关系。两者并不是简单的决定与被决定的关系。

正是以此为基础，哈贝马斯提出重构历史唯物主义的任务，其核心理念就是将社会进化理解为生产力的提高和规范结构的变化

---

① [德]哈贝马斯：《交往与社会进化》，张树博译，重庆出版社1989年版，第3页。

② [德]哈贝马斯：《合法化危机》，刘北成、曹卫东译，上海人民出版2000年版，第143页。

③ [德]哈贝马斯：《作为“意识形态”的技术与科学》，李黎、郭官义译，学林出版社1999年版，第48～49页。

④ [德]哈贝马斯：《作为“意识形态”的技术与科学》，李黎、郭官义译，学林出版社1999年版，第49页。

两个方面的协调发展。而且,相比而言,哈贝马斯更加重视由文化、道德、法律、制度和宗教等表现出来的规范结构的进步。他指出:"自'新石器革命'以来,重大的技术发明,并没有导致新时代的到来,仅仅是新时代的伴随者。人们尽管可以合理地重新设想一个技术史,然而,它却不适宜于划分社会形态。生产方式这个概念,它所反映的情况是,生产力的发展管理是社会发展的一个重要尺度和方面,但对社会发展的分期来说却不是起决定作用的尺度和方面。"①重要的是在交往中形成的道德、法律等规范关系。

那么,接下来的问题是,生产力和规范结构的发展是怎样实现的呢?哈贝马斯认为它们借助了"学习的形式"。在这里他实际上借用了皮亚杰的发生认识论,指出既然人类个体在学习中可以通过同化和适应外在世界的刺激而提升智识水平,那么社会也具有这种学习机制。"如果我们不仅把学习过程视为技术上可以使用的知识领域,而且也视为道德-实践的意识领域,那么我们就可以说,[历史的]发展阶段既是生产力,也是社会一体化的形式。"②

(四)霍奈特

1.霍奈特的生平和著述

阿克塞尔·霍奈特(Alex Honneth,1949~),法兰克福学派第三代代表人物。

霍奈特生于德国北部城市埃森。1969~1974年间,在波恩和波鸿学习哲学、社会学等并获得哲学学位,1974年开始在柏林自由大学学习,并担任助教,1982年以《权力的批判:福柯与批判理论》

① [德]哈贝马斯:《重建历史唯物主义》,郭官义译,社会科学文献出版社2000年版,第160页。

② [德]哈贝马斯:《重建历史唯物主义》,郭官义译,社会科学文献出版社2000年版,第177页。

一文获得博士学位。1983 年开始担任哈贝马斯的助教，1990 年在法兰克福大学哲学系获得教授资格，1996 年任哲学系教授，2001 年开始担任法兰克福社会研究所所长。

霍奈特的著述包括《社会行动与人性》《权力的批判》《为承认而斗争》《正义的他者》等。

2. 霍奈特的承认政治

霍奈特在理论上的最大贡献是基于他对第一代和第二代法兰克福学派学者观点的回顾和批判提出了"承认政治"的观点，这构成第三代批判理论的基本模式。在他看来，法兰克福学派第一代学者的批判模式是生产力批判，第二代的批判模式是对生产力控制人的社会关系的批判。这两类批判的共同特点是，它们都将人对自然的控制模式沿用到社会控制的领域，认为正是将这种人对自然的工具理性的思维方式错误地应用到人与人的关系之上，导致了人类的异化。霍奈特认为，这种思路实际上忽视了人格的社会性要素。就人对自然的改造而言，首先需要解决的其实是人与人之间的协调问题。所以，霍奈特要将这类从生产力出发的批判模式倒转过来，认为社会进步不是建立在生存斗争的基础上，而是建立在人与人之间社会联系建构的基础上，或者更严格地说，是建立在相互承认的斗争的基础上。

(1)主体间的承认模式

霍奈特认为，人和人之间的承认关系是在互动中呈现的。但是这种互动不是哈贝马斯讲的对话交往，而是一种权力斗争意义上的互动。因为在人与人的相处中总会导致身体或者尊严受到伤害，在这种情况下就会发生为了身体、尊严而展开的斗争，人和人之间的承认关系就是在这种斗争中实现的。

霍奈特将主体间的承认模式分作三种，即爱、权利和团结。其中，“爱”的关系是人与人之间认同的基本关系。这种“爱”包括友谊关系、父母与子女的关系以及两性关系。在爱的关系中，承认表现为一个人对另一个人在情感上的认可，人的自信也正在这种关系中被确立起来。从心理学上来说，这种自信就是虽然人们认识到自己总是作为独立的个体存在，与关爱自己的人总是处于分离的关系中，但却仍然能够得到情感或者肉体上需要的保证。与之相对，对他人的侮辱和诽谤就意味着对他人的否认，是对他人的人格和尊严的否认。

霍奈特提到的第二种承认关系是权利，其前提是人们作为独立主体参与到公共生活中。此时获得承认就意味着，他享有每个人都应当拥有的权利，当然与之相对应的是，他认可自身所应当承担的规范义务。换言之，在社会层面的相互交往中，人们应当互相承担义务，从而获得权利。霍奈特说：“我们只有采取‘普遍化他者’的立场，让他教会我们承认共同体的其他成员也是权利的承担者，我们才能在确信自己的具体要求会得到满足的意义上把自己理解为法人。”[①]不过，霍奈特并不满足于传统法律给出的抽象的平等权利，因为这种权利由于个体的差异而导致实际的不平等。所以他吸收了哈贝马斯的观点，认为法律必须是全体社会成员的普遍利益的表达，社会规范必须是民众共同参与制定的。

第三种承认关系是团结。霍奈特指出，这里团结的基础不是法律赋予的公民身份和平等享有的权利，它主要基于一种伦理关系，涉及的是对个体价值的承认。团结意味着个体的价值和尊严得到集体的认同。在传统社会中，这种认同的前提是个人目标与

---

① [德]阿克塞尔·霍耐特：《为承认而斗争》，胡继华译，上海人民出版社2005年版，第115页。

集体目标的一致,“在这里,个体自我认识到自己乃是一个社会群体的成员,可以集体地完成事业,他们对社会群体的价值得到了其他成员的一致承认”[①]。可是在霍奈特看来,这种团结导致的结果是个人的自我实现和自我价值被忽视了。因而,在价值观渐趋多元化的现代社会,团结必须建立在个人自尊和自重的基础上。他说:“这种关系就可以说是‘团结’,因为,他们不仅激起被动的宽容,而且还激发了对他者个体性和特殊性的切实可感的关怀。”[②]

(2)社会批判的理论模式

以承认理论为基础,霍奈特提出了他独特的社会进化模式,即从道德冲突到社会斗争。如前所述,既然人的首要需求是承认,那么如果这种承认没能出现,他首先感到的是自己的自信、自尊受到伤害,于是人与人之间便会出现道德冲突。而当这种道德冲突发展为一种集体运动的时候,社会斗争就会出现。所以,社会进化首先是在人的内在道德领域展开的,即在微观领域中展开。进而,当人们在法律、国家共同体领域感到自己的自尊受到伤害,就会为自己的权利和价值得到承认而进行斗争,斗争的规模当然也就扩展到全社会领域。人类社会进步的过程,就是人的权利、人的尊严在更大范围内获得承认的过程。

当然,在这个过程中,霍奈特承认人们也会因为经济利益而发生冲突。他说:“在许多历史情境中,纯粹是为了保障经济上的生存,才导致大规模的反抗和叛乱,这就清楚地说明,并不是所有形

① [德]阿克塞尔·霍耐特:《为承认而斗争》,胡继华译,上海人民出版社 2005 年版,第 133 页。

② [德]阿克塞尔·霍耐特:《为承认而斗争》,胡继华译,上海人民出版社 2005 年版,第 134 页。

式的反抗都根源于对道德诉求的伤害。”[①]从这个意义上讲，不能将社会冲突的根源简单归结为经济原因或道德原因。但是霍奈特认为道德冲突具有更根本的意义，经济斗争的根源其实是社会的不公正，正是因为在道德上体会到这种不公正，才会产生斗争：“支配着冲突的集体利益不一定被认为是终极的结局或者本源的动因，相反，它可能是在为承认和尊重的规范要求留有余地的道德经验境域中被构造出来的。”[②]这意味着霍奈特把马克思的阶级斗争理论倒置了。

第二节　弗洛伊德主义马克思主义

一、弗洛伊德主义马克思主义概述

弗洛伊德主义马克思主义致力于把弗洛伊德的精神分析学说与马克思主义尤其是马克思主义关于人的理论结合起来。由于它以自己的方式推进了马克思主义的人本主义内涵，所以总体上讲属于西方马克思主义中的人本主义马克思主义思潮。

（一）弗洛伊德主义马克思主义的形成和发展

就当前掌握的资料来看，弗洛伊德主义马克思主义源于赖希在20世纪20年代的尝试。他希望通过将弗洛伊德的精神分析引入马克思主义，为20世纪初欧洲无产阶级革命的失败寻找心理层面和意识层面的原因。1929年，赖希出版《辩证唯物主义与精神分

① [德]阿克塞尔·霍耐特：《为承认而斗争》，胡继华译，上海人民出版社2005年版，第171页。

② [德]阿克塞尔·霍耐特：《为承认而斗争》，胡继华译，上海人民出版社2005年版，第172页。

析学说》,标志着弗洛伊德主义马克思主义的诞生。1936 年,赖希在他为《性革命》一书所写的再版序言中,明确使用"弗洛伊德主义马克思主义"的概念。在赖希之后,西方马克思主义阵营中的诸多学者都受到其理论的影响,将弗洛伊德的精神分析或多或少引入到各自的理论之中。

弗洛姆是最早综合弗洛伊德主义和马克思主义的法兰克福学派成员。他早年就受到弗洛伊德理论的影响,企图将两者相结合建立"弗洛伊德主义马克思主义"。鉴于他的这一坚定立场,学界将其作为弗洛伊德主义马克思主义的重要代表人物之一。此外,法兰克福学派马尔库塞也深受弗洛伊德精神分析的影响。他的爱欲理论就大量吸收了弗洛伊德的性本能理论,并在对之进行改造的基础上形成了独特的社会分析,以此探求社会解放的可能道路。哈贝马斯作为法兰克福学派第二代学者,对于弗洛伊德的精神分析理论也十分重视。在其理论早期,他从精神分析中提取出深层解释方法,以此实现对扭曲交往的辨识与批判,为合理社会的重构提供了方法论支持。事实上,作为结构主义马克思主义代表者的阿尔都塞同样也在其理论框架中融合了弗洛伊德和马克思主义理论,以此实现对意识形态和主题问题的分析。

综合来讲,弗洛伊德主义马克思主义的研究方向主要有三个。其一是对弗洛伊德主义与马克思主义关系的分析。这是融合两种理论时需要做的首要工作。这一方面包含对两者共同点的分析,譬如认为两种理论从根本上都指向了"解放"的目的;另一方面也涉及相互之间的差别,譬如马克思主义更注重社会因素而弗洛伊德主义更注重心理因素,但也正是这种区别和因之而来的局限才使它们的融合变得更有意义。其二是对弗洛伊德主义和马克思主义的综合。当然,不同学者因为其立足点不同,"综合"的方式也有所不同。譬如,一部分学者是从弗洛伊德理论出发走向马克思主义,那么基本是以弗洛伊德主义为基点,用马克思主义补充和修正弗洛伊德主义;相反,那些立场更倾向于马克思主义的学者,则更多的是将弗洛伊德主义理论视作对马克思主义理论的补充。其三是对弗洛伊德主义马克思主义的具体应用,将之作为社会批判的一条可能道路。前面提到的马尔库塞、哈贝马斯等,都是这一思路的典型代表。

(二)弗洛伊德主义马克思主义的特点

弗洛伊德主义马克思主义的最重要特点就是实现了马克思主义理论向意识、心理领域的扩展,表现为社会学与心理学、理性主义与非理性主义、历史唯物主义和心理结构理论、社会要素与心理要素的综合。具体而言,其特点可以总结为如下四点:

第一,就其人性理论而言,从生物本能与社会关系两个方面规定人。人既是生物学意义上的个体,又是处在社会关系中的个体;既受生物本能控制,同时又受社会关系的支配。

第二,就其社会批判理论而言,实现了社会批判与心理批判的融合。认为不仅要在经济、政治层面对社会压制和人的异化进行宏观领域的分析,而且要分析人们对这种“单向度”社会加以认同的心理机制。譬如德国民众为什么会自愿服从法西斯主义的控制等。

第三,就其革命理论而言,强调心理革命和社会革命的统一。这其实是上面一个特征的接续。从对人的心理机制的分析出发展开的社会批判,在探讨具体的革命路径时,显然不仅仅要重视暴力革命,同时也强调心理革命或者说意识革命的重要性。

第四,就其意识形态理论而言,将性格结构作为联结经济基础与意识形态的纽带。弗洛伊德主义马克思主义者认为经济基础与意识形态之间并不是直接的影响被影响、决定被决定的关系，性格结构构成了其间的“中介”。赖希的性格盔甲理论就是这一观点的典型代表。

二、弗洛伊德主义马克思主义主要代表人物及其思想

（一）赖希

1. 赖希的生平和著述

威尔海姆·赖希（Wilhelm Reich，1897～1957），弗洛伊德主义马克思主义的创始人，著名精神分析学家，性革命理论奠基人。

赖希出生于奥地利的德意志-乌克兰人居住区一个犹太人家庭，父亲是一位农场主。12 岁之前在家中接受教育，母亲去世之后被送入中学学习。中学期间成绩优异，但 1914 年因为父亲去世，赖希开始一边学习一边管理农场，1915 年中学毕业。同年夏天俄军侵入，赖希逃亡到维也纳，变得一无所有。1915 年进入奥地利军队服役。1918 年退役后进入维也纳大学医学院读书。

赖希进入大学不久就结识了弗洛伊德，并深得其赏识。1920 年被破格吸收为维也纳精神分析学会会员，也是该学会最年轻的成员。弗洛伊德每周一次在家中召开的精神分析讨论会，赖希也在被邀请的最亲近的朋友之列。1922 年，赖希获得医学博士学位，全身心投入到“精神分析疗法”的实践中，同时也进一步探索该疗法的理论基础。

1927 年赖希加入奥地利共产党，这是他一生中的一个重要转折点。他萌发出要将精神分析和政治革命结合起来的想法。1929 年，与 4 位精神分析学家和 3 位产科医生一起在维也纳建立了“社会主义性咨询和性研究学会”。1930 年，赖希移居德国，建立了众多的性卫生诊所和其他性改革组织，并自封工人运动的“性顾问”。

在他的推动下,20 世纪 30 年代初,在德国工人内部掀起了一场轰动一时的"性-政治运动",仅 1932 年一年的参加者就有 4 万人之多。1934 年,赖希因为政治原因被开除出国际精神分析学会。同年,因纳粹迫害,赖希离开德国,前往丹麦和瑞典。

1939 年,受美国精神病研究者华尔夫的邀请,赖希前往美国,把更多精力投入到一种他称作"倭格昂"的生命能的研究中。1942 年,他建立了生命能研究所、生命能实验室,安放了生命能储存器。然而,1947 年美国食品和药品管理局开始介入调查赖希的生命储存器,并在 1954 年指控该仪器是骗人的装置。由于不服从政府裁断,1956 年赖希被判处两年徒刑,次年猝死于监狱当中。

赖希在进行性革命实践的同时,也留下了不少理论作品。其中,《性高潮的功能》《性格分析》《性革命——走向自我调节的性格结构》《辩证唯物主义和精神分析》被视为是"弗洛伊德主义马克思主义"的代表作。除此之外,1933 年出版的《法西斯主义的大众心理学》也是他的重要作品,赖希希望通过将马克思主义与弗洛伊德主义理论相结合来分析法西斯主义产生的根源。

2.赖希的性政治理论

(1)精神分析与马克思主义的关系

弗洛伊德主义马克思主义由赖希首开先河。有趣的是,弗洛伊德本人曾明确提出,精神分析理论与马克思主义并不相容。既然如此,赖希为什么能够将两者关联在一起,又应当如何理解两者之间的关系?赖希在《辩证唯物主义和精神分析》中对两者的异同点做了比较。

就两者的相似点来说,赖希认为,它们都是唯物的、辩证的和革命的学说。当然,我们用这组形容词描述马克思主义是毫无问题的,可是精神分析理论又是如何体现出这些特点的呢?首先,之所以说弗洛伊德的精神分析是唯物的，是因为“它所描述的过程具有唯物主义性质”。弗洛伊德和马克思一样，把焦点集中在真正的人类需要和经验上面，把爱欲和饥饿这样的具体物质事实作为理论出发点；弗洛伊德和马克思主义一样，都反对唯心主义，承认生物基础对于心理活动的优先性。其次，之所以说精神分析理论是辩证的，是因为心理学在谈论自我和社会时，并不强调其内部要素之间的和谐一致，反而强调它们之间的对抗关系。譬如弗洛伊德认为在意识和无意识、本能和社会的法律道德之间主要是一种冲突关系。此外，弗洛伊德还揭示了一系列辩证的心理过程。最后，精神分析理论的革命性表现在，它通过对谈等方式帮助患者实现自我反思和对自我的再认知，实际上就是个体的“解放”过程。如果说马克思第一次使人类社会在历史上和社会上意识到其自身的话，那么弗洛伊德则使个人的自我认知达到了科学的状态。

那么，既然两者具有如此的相似之处，弗洛伊德为什么还不认可马克思主义？赖希认为，这是因为人们通常将马克思主义视作一种社会学说，而把精神分析视作一种自我心理学理论，认为两者所处的领域完全不同。然而，如果将问题反过来看，这种观点恰好揭示出两种理论自身的局限性，而建构弗洛伊德主义马克思主义恰好就是补足各自局限的重要方式。赖希就是基于这一思路，对两者的局限性做了分析。

赖希将精神分析理论的局限归结为下述六点：第一，它只是从患者的心理过程本身来寻找和解决问题，而没有意识到精神病的社会根源；第二，把人的行为完全说成是由无意识的本能决定的，完全抛开外在世界来理解人的活动动机；第三，认为文化本身是在压抑本能的基础上发展出来的，是无意识冲动的升华；第四，强调人类文明同人类本能的满足是对立的，从而把社会主义者和无政府主义者的目标看作是乌托邦幻象；第五，假设在人的原始本能冲动中存在着“死亡本能”，从而得出人类不可能从奴役中解放出来的悲观结论；第六，将性压抑与经济奴役和政治奴役区分开来，没有看到性压抑是经济奴役的工具。

赖希认为，精神分析理论的上述局限恰好在马克思主义理论中得到了有效补足，而马克思主义本身的一些空白处也因精神分析的介入而得到充实。譬如，我们知道，马克思主义强调意识的产生是经济发展的结果，但是具体而言，经济发展是怎样作用于人类意识的，马克思主义并没有给出详尽的答案。同样，如何理解意识的相对独立性，马克思主义也只是提出其观点，没有进行严格论证。另外，在革命观上，马克思主义只关注经济、政治领域的宏观革命，忽视了发生在个体身上的微观革命，忽略了对人类心理“内部结构”的改造。从这个意义上讲，马克思主义有其粗陋之处。正是因为这些局限性的存在，使得两种观点的结合变得十分必要。

(2)性格结构理论

性格结构理论是赖希对精神分析学做出的最大贡献，也实现了精神分析和马克思主义的沟通。其性格结构理论的关键是“性格盔甲”概念的提出。

所谓“性格盔甲”，简单来说，就是人们应对外部世界的方式。由于人人都需要对外在世界作出反应，所以每个人都有各自的性格盔甲。赖希有时又将性格盔甲理解为“自我的保护装置”。性格盔甲成型于人们的童年时期，是儿童的自然冲动与和社会规范要求相冲突的产物。儿童形成特定的性格范型以应对外部的压力和威胁。就此而言，家庭对于儿童性格盔甲的形成起着关键性作用。

虽然性格盔甲最初是针对外部世界而建立起的保护机制，但是在成熟之后便主要被用来应对内部危险，即反对自身难以控制的冲动。性格盔甲的形成意味着个体适应和掌握了社会规范的界限,并以之控制其不合规范的冲动。从这个角度讲,性格盔甲既是压抑的代表,又是对由于受压抑而产生的焦躁的控制者。

赖希认为,性格盔甲不仅表现在生物学方面,在社会层面也有体现。鉴于它所具有的良好管控能力,每一种社会制度都力图塑造出适应其需要的性格盔甲。赖希说:"每个社会制度都创造出为保护自己所需要的那些性格形式。在阶级社会,统治阶级借助于教育和家庭制度,通过使它的意识形态成为社会一切成员的占统治地位的意识形态,而保证它的地位。但这不仅仅是一件把意识形态、态度和概念加诸社会成员的事情。倒不如说,这是一件在每个新的一代中都是影响深远的事情,是一件在人民的一切阶层中形成符合于现存社会制度的心灵结构的事情。"①

赖希的性格结构理论更为清楚地解释了经济发展如何决定社会意识的问题。如前所述,家庭——实际上还包括看学校、教会等——在性格盔甲的形成中起着关键作用,而它们本身又被经济发展的状况决定。从这个角度讲,家庭、学校、教会等就成为经济发展过程转化为意识的发生地,它们促成了经济过程向意识的转化。同理,既然意识是作为一种性格结构被置入个体之中的,那么所谓意识的独立性也可以得到有效解读。因为性格盔甲的形成并非一日之功,因而也不可能在短时间内由于经济的发展而发生根本的转变。意识的变革总是落后于经济发展的过程。

(3)性革命理论

根据赖希的分析,性格盔甲的形成与社会制度的有意塑造相

① Wilhelm Reich, *Character Analysis*, New York: Farrar, Straus & Giroux, 1980, p. 17.

关。法西斯主义之所以在二战期间盛行,并在德国、意大利等国家赢得民众的支持,从根本上讲是"独裁主义性格结构"塑造的结果。具有这种性格结构的人既对地位比他高的人俯首帖耳,又对地位比他低的人横行霸道。那么这种性格结构具体是怎样形成的呢?

赖希将原因归结为性压抑。独裁主义通过家庭在儿童成长时期就将性禁锢和性焦虑嵌入性冲动的生命本质中,从而形成了独裁主义人格。就此而言,"家庭成了塑造国家的结构和意识形态的工厂"①。家庭通过规训儿童的性行为使他们恐惧、羞愧、顺从、畏惧权威,从而塑造出逆来顺受的主体。这些主体不管受到怎样的侮辱与损害,都适应甚至积极认同权威体制。"性禁锢大大改变了在经济上受压迫的人的性格结构,以致他的行动、感情和思想都违背了他的物质利益。"②

既然如此,要改变这种性格结构就必须进行性革命,其核心就在于满足人类自然发生的性需求。只有实行性革命,改变性压抑的状态,才能实现真正意义上的社会革命。赖希因此将性革命称作是"微观革命"。就其具体方案来讲,赖希提出要从婚姻、家庭和性道德三个方面展开。在婚姻方面,要了解婚姻的目的不是生育而是爱情的合法化;在家庭方面,要消灭当下的"父权制家庭",将"母权制家庭"作为自然家庭的理想模式;在性道德方面,反对官方倡导的禁欲主义,强调性需要的满足。

赖希的性革命理论对马克思主义倡导的经济、政治领域的宏观革命是一种补充,这使得马克思主义不仅能够实现推翻资本主

---

① [奥]威尔海姆·赖希:《法西斯主义群众心理学》,张峰译,重庆出版社1990年版,第25页。

② [奥]威尔海姆·赖希:《法西斯主义群众心理学》,张峰译,重庆出版社1990年版,第27页。

义国家和资产阶级财产关系的目标，还能够帮助改变家庭和社会培养人、教育人的方式，解除人的性压抑，使之获得人性的解放。不过，即便如此，赖希这种“唯性主义”的解决方案仍然遭遇颇多非议，他将人类心理层面的解放单单归结为性解放还是过于狭隘。

（二）弗洛姆

1. 弗洛姆的生平和著述

埃里希·弗洛姆（Erich Fromm，又译作埃利希·弗洛姆，1900～1980），著名精神分析学家，弗洛伊德主义马克思主义的主要代表，法兰克福学派成员。

弗洛姆出生于法兰克福的一个犹太人家庭，是家中独子。1918 年进入法兰克福歌德大学学习，一年后到海德堡大学跟随雅斯贝尔斯学习社会学，并于 1922 年获得社会学博士学位。

20 世纪 20 年代中期，弗洛姆在海德堡精神分析诊所学习精神分析治疗，1930 年加入法兰克福社会研究所，成为法兰克福学派的重要成员。纳粹上台后，弗洛姆跟随法兰克福社会研究所移居美国，1934 年进入哥伦比亚大学，在美国从事精神分析活动。

1940 年以后，弗洛姆在组织上同法兰克福学派脱离了关系，与美籍德国精神分析学家卡伦·霍尼（Karen Horney）等人创立了新弗洛伊德主义，并发起成立美国弗洛伊德主义学会。1950 年赴墨西哥国立自治大学任教，并在医学院建立精神分析系，直到 1965 年退休。1974 年，弗洛姆搬到瑞士一个风景秀丽的小镇安度晚年。

弗洛姆著作宏富，主要有《逃避自由》《为自己的人》《精神分析与宗教》《健全的社会》《爱的艺术》《弗洛伊德的使命》《精神分析和禅宗》《马克思关于人的概念》《在幻想锁链的彼岸》《社会主义的人道主义》《精神分析的危机》《占有还是生存》《存在的艺术》等。

2. 新弗洛伊德主义马克思主义

(1)论弗洛伊德主义与马克思主义的共同基础

弗洛姆在弗洛伊德主义和马克思主义之间寻找共同之处，并以此为基础实现两者的结合。他将二者之间的共同点归结为下述四个方面：

第一，“我们必须怀疑一切”。马克思的“怀疑”主要是针对人对自身及其他人的思考。他认为这类思考绝大多数是纯粹的幻想，掩盖了经济和社会利益。弗洛伊德的怀疑也基于类似的观念，他先是在催眠疗法中探寻一个处于昏睡中的人在何种程度上能够相信显然是不真实的现实，后来又意识到那些并不处于昏睡状态的人的大部分思想也是与现实不相符合的。从这个角度讲，马克思和弗洛伊德“对充满人们头脑的、并且被人们误以为是构成现实基础的那些陈旧思想、合理化和思想体系均持同样坚定的怀疑态度”①。

第二，“人所具有的我都具有”。这具有典型的人道主义精神，强调每个人都体现出全部的人性。弗洛姆指出，马克思继承的是以伏尔泰、莱辛·赫尔德、黑格尔和歌德为代表的人道主义传统，而弗洛伊德的人道主义则体现在他的无意识概念中。弗洛伊德认为，人人都具有相同的无意识冲动，所以只要了解这个无意识世界，人们就可以实现相互理解。同时，马克思和弗洛伊德都反对社会的习惯势力、反对传统社会秩序，反对异化。这都是人道主义的表现。

第三，“真理会使你获得自由”。这里突出的是真理具有的解

① [美]埃里希·弗洛姆：《在幻想锁链的彼岸》，张燕译，湖南人民出版社 1986 年版，第 13 页。

放力量。马克思认为,人要从异化和奴役中解放出来,暴力并不是最有效的手段,关键是是否能够赢得人心。而赢得人心的方式就是帮助人们认识真理,使他们从虚假意识的支配中清醒过来。在这方面弗洛伊德持有类似观点,他认为只有通过理性的力量,使病人意识到自己有意识的思想具有的虚假性质,获得对现实的认识,才能使病人从困境中摆脱出来。

第四,"都是运用力学和辩证的方法来研究现实的"。弗洛姆指出,虽然马克思和弗洛伊德有各自的思想先驱,但都是第一次运用动力学和辩证方法来研究现实的。"马克思认为,社会是一个错综复杂的结构,这个结构具有各种不同的、矛盾着的,然而却又是可以被认识的力量。……弗洛伊德则发现,人作为一个精神实体,是许多动力的一种结构,其中有好些力还是矛盾着的,且充满着能量。科学的任务就是要认识这些力量的本质、强度和方向,以便了解过去,预先对未来作出选择。"①

(2)弗洛姆的异化三部曲

在综合马克思主义和弗洛伊德精神分析的基础上,弗洛姆反思了现代人的异化状况,他的《逃避自由》《为自己的人》和《健全的社会》被视为人的"异化三部曲"。

弗洛姆首先从人与自然的关系入手,对人的生存的基本矛盾进行分析。他认为,人一方面是自然的一部分,与自然有着不可分割的统一性;另一方面,人的生存又是不断地超越自然的过程,这表现为人的个体化。这种个体化导致了双重效果:一方面是自由的增长,另一方面是人的孤独感的增强。人类生存的内在冲突成

① [美]埃里希·弗洛姆:《在幻想锁链的彼岸》,张燕译,湖南人民出版社 1986 年版,第 25 页。

为“逃避自由”心理机制的生成基础，人出于对自由的恐惧而倾向于逃避作为自身本质的自由，对权威表示认同，以求获得安全感。在《逃避自由》中，弗洛姆就提出了三种逃避自由的心理机制，分别是受虐狂与虐待狂共生的极权主义、攻击性和破坏性、顺势和随俗。

在建立起关于逃避自由的心理机制的基础上，弗洛姆又从社会性格结构的角度进一步揭示出现代人的性格结构的异化特征，从而诊断现代人的病症。

弗洛姆将性格视为人的行为的基础，是“同化和社会化过程中用以诱导人的能力的（较固定）方式”[①]。不过，他更为强调的是性格特征中普遍性的要素，即在某一个社会形态中人们拥有的共同的性格特征。所以，洛姆将性格区分为个人性格和社会性格，指出“一个社会中绝大多数成员所具有的基本性格结构，它不同于一个社会中不同成员所具有的个体性格”[②]。社会性格之所以如此重要，乃是由它特定的社会功能所决定的。它作为社会文化模式的重要组成部分或内在要素，往往自发地、潜移默化地左右着社会大多数成员的行为模式，因而对于社会秩序的确立起着非常重要的作用。如果整个社会大多数成员的性格结构都走向异化，那么这个社会就将处于严重的异化状态。弗洛姆认为，现代社会正处于这样一种异化状态，人们的社会性格表现为一种非生产性的性格结构。

与非生产性性格结构相对的是生产性性格结构。这里的“生产性”突出的是人类具有的创造性特征，它指向人类自由的创造性

---

① [美]埃里希·弗洛姆：《追寻自我》，苏娜、安定译，延边大学出版社 1987 年版，第 71 页。

② [美]埃利希·弗洛姆：《健全的社会》，欧阳谦译，中国文联出版公司 1988 年版，第 76 页。

活动。弗洛姆认为,人之为人的本质就在于其潜在的创造性,“人之所以是活生生的,只是因为他是进行生产活动的,是因为他在表现他自己的特殊的人类力量的活动中、在他以这些力量掌握世界的活动中掌握了那个处于他自身之外的世界。如果人不进行生产活动,如果人是消极的被动的,那么他就什么也不是了,他就死了”[①]。弗洛姆指出,现代社会的最大问题是人们失去了生产性和创造性,其性格结构异化为非生产性的结构。同逃避自由的心理机制相对应,弗洛姆将非生产性性格归纳为如下几类:其一,接受型性格倾向,其特征是缺少主体性和自主性,不愿意也不敢承担责任和义务。其二,剥削型性格倾向,拥有这类性格的个体认为一切好的东西应当来源于外部,而不是来源于自己的创造,因此倾向于用各种手段强行索取或骗取他人的东西。其三,囤积型性格倾向,它反对从外面接受或索取东西,而是倾向于固守已有的东西,并且对一切人保持距离,认为远离他人才安全。其四,市场型性格倾向,它把自己和他人都视作商品进行交往与交换。通过对现代人逃避自由的心理机制和非生产性性格结构的对比分析,弗洛姆揭示出现代人深刻的异化状态,并以确立健全的人格和健全的社会作为毕生奋斗目标。

在《健全的社会》中,弗洛姆构想出非异化社会和个体的样态。健全的人是非异化的、创造性的人,“他使自身与世界建立起友爱的联系,运用他的理性去客观地把握现实;他感到自己是一个独一无二的个体,同时又觉得跟他人是一体的;他不屈从于非理性的权威,而是自愿地接受良心和理性的合理性权威;只要他生存着,他

① [美]E. 弗洛姆:《马克思关于人的概念》,复旦大学哲学系现代西方哲学研究室编译:《西方学者论〈一八四四年经济学-哲学手稿〉》,复旦大学出版社 1983 年版,第 44 页。

就会不断地发展自身,他把生命的赠予看作是他最宝贵的机会”[①]。而健全的社会是以人为目的,克服了非生产性或非创造性性格结构的社会。在这个社会中,人们都自觉按照良心行事,关心社会事务,是社会生活的主动负责任者。这种社会可以促进人的团结,并且推进每个人在工作中的创造性。

为了实现健全的人和健全的社会的构想,弗洛姆提出了具体的实施方案,即在经济上,创立工人参与和共同管理的新的劳动境遇;在政治上,加强和完善民主制度;在文化上,确立人道主义文化价值观念的主导地位。

第三节　存在主义马克思主义

一、存在主义马克思主义概述

存在主义马克思主义是西方马克思主义中将马克思主义人本主义化的流派。它致力于综合存在主义与马克思主义,用存在主义补充马克思主义。

存在主义作为一种哲学流派产生于一战后的德国。当时,作为战败国的德国经济萧条、民生凋敝,悲观情绪丛生。在这种状况下,受克尔凯郭尔和尼采等思想家的影响,一批德国哲学家们开始对存在的意义等问题展开反思,其中最著名的代表是海德格尔和雅斯贝尔斯。二战之后,存在主义的中心转移到法国,马塞尔、加缪、梅洛-庞蒂、萨特等成为存在主义在法国的主要代表人物。在遍

① [美]埃利希·弗洛姆:《健全的社会》,欧阳谦译,中国文联出版公司1988年版,第278页。

布危机的当代资本主义社会，法国存在主义者揭示出人类自由丧失、个性缺乏的状态，摆脱异化、恢复人的尊严也就成为他们思考的重心。

在存在主义迅速发展的同时，一部分学者开始有意识将存在主义和马克思主义结合起来，致力于建构存在主义马克思主义。其中最早应用存在主义资源解释马克思主义的哲学家是法兰克福学派的代表人物，被哈贝尔斯称为“第一位海德格尔主义的马克思主义者”的马尔库塞。前文谈到，马尔库塞曾经受教于海德格尔，正是在后者的影响下，他开始尝试从存在主义角度解释马克思主义。马尔库塞写就的《历史唯物主义现象学概要》《论具体的哲学》等著作，开创了存在主义马克思主义的先例。1932 年，其在《论历史唯物主义的基础》中对马克思的《1844 年经济学哲学手稿》的解释，也是从存在主义的角度展开。

存在主义传播到法国后，列斐伏尔把存在主义马克思主义推展到新阶段。在马尔库塞的《论历史唯物主义的基础》出版后，1938 年列斐伏尔便推出《辩证唯物主义》一书。该书也是对马克思《1844 年经济学哲学手稿》的研究，他在书中不仅讨论了马克思与黑格尔的关系，揭示马克思主义的“黑格尔来源”，而且对人的概念进行专门论述，具有强烈的存在主义倾向。此后，列斐伏尔又发表了《日常生活批判》等一系列著作，以异化为核心继续进行存在主义与马克思主义的综合。

20 世纪中期存在主义马克思主义的代表人物是梅洛·庞蒂。梅洛·庞蒂致力于综合存在主义与马克思主义研究是受到法国哲学家亚历山大·科耶夫(Alexandre Kojeve)的启发。后者在 1921～1939 年间的巴黎举办了一系列关于黑格尔哲学的讲座，把黑格尔的唯心主义辩证法改造为存在主义辩证法。梅洛·庞蒂在听了科耶夫的讲座后受到启发，并把其观点与马克思对宗教即人类社会历史的分析进行综合，为他后来提出用存在主义补充马克思主义埋下伏笔。梅洛·庞蒂在后来写就的《人道主义与恐怖》《辩证法的历险》等作品中，一方面指责列宁、斯大林的思想以及苏联的社会主义实践，另一方面对马克思的早期理论表示赞同，认为马克思对现存社会制度的批判是不可超越的。他主张对存在主义加以改造，使之与马克思主义相一致，同时提出“西方马克思主义”的概念，把它看作与“教条化的”马克思主义相对的真正的“革命哲学”。梅洛·庞蒂将卢卡奇作为西方马克思主义的代表，认为其《历史和阶级意识》是西方马克思主义的“圣经”。

在梅洛·庞蒂放弃将存在主义与马克思主义相结合的努力之后，存在主义马克思主义在他的好友萨特那里大放异彩。20 世纪 50 年代中期，萨特在政治上脱离了与共产党的关系，但是在思想上却向马克思主义靠拢。他在 1960 年出版了《辩证理性批判》，并评价说这是一部真正的马克思主义著作。萨特将该书以及他在此前发表的《存在主义与马克思主义》一起编织出存在主义马克思主义的理论体系。

从存在主义马克思主义的发展历程来看，它主要的活动场域在法国。正如我们看到的那样，列斐伏尔、梅洛·庞蒂和萨特都是法国哲学家。这与马克思主义在法国的接受度较高有关。法国有许多社会主义传统，共产主义在打败法西斯主义的斗争中赢得了声望，加之许多流亡海外的知识分子也纷纷到巴黎驻留，这使得法国马克思主义比德国有更大发展。但是法国的马克思主义主要在知识分子中间传播，而他们并不愿意循规蹈矩地传播马克思主义，所以将存在主义引入马克思主义就成为一种必然的趋势。对于这种情况佩里·安德森也给出了更加详细的解释：“列菲弗尔在后来的十年里仍然是党内最著名、最富有创见的哲学家。在这个时期，尽管法国共产党吸收了大量知识分子，但产生的新理论著作却相当少，这是因为自从冷战一开始，新的理论著作由于党内文化控制格外加强而受到了极大的压制，也因为法国共产党的领导在冷战高潮期间强制推行日丹诺夫主义的缘故。这样，在大战之后头十年内的重大而奇特的现象是：马克思主义在一个存在主义的环境中发挥影响。”①

二、存在主义马克思主义主要代表人物及其思想

(一)列斐伏尔

1. 列斐伏尔的生平和著述

亨利·列斐伏尔(Henri Lefebvre，1901～1991)，法国著名的马克思主义理论家，存在主义马克思主义的重要代表人物。

列斐伏尔出生在法国斯科尼一个官僚家庭，1920 年毕业于法国巴黎大学，获哲学博士学位。在青年时期，列斐伏尔就对法国官方哲学毫无兴趣，在探求新的哲学理念的过程中他逐渐走向马克思主义。1924 年，他与保罗·尼赞(Paul Nizan)等人结成了一个哲学团体，试图发起一场哲学革命。1928 年，列斐伏尔创办了第一份马克思主义哲学刊物《马克思主义杂志》。1929 年加入法国共产党。1930 年开始在大学担任教授，在二战期间被德国法西斯解除教职。1944 年以后，列斐伏尔历任图卢兹法国广播电台主管、国立科学研究院研究员、巴黎大学农泰尔学院社会学教授等职务，1973 年退休。

---

① [美]佩里·安德森：《西方马克思主义探讨》，高铦等译，人民出版社 1981 年版，第 51 页。

列斐伏尔自从1929年加入法国共产党后，就成为党内最著名的法国马克思主义知识分子之一。但是列斐伏尔并不认同法国共产党的官方理论，并旗帜鲜明地反对斯大林主义和苏联的政策。1956年因为“匈牙利事件”的发生，他与合作者一起创办《论证》杂志，规定杂志既要坚持马克思主义，又要超越马克思主义。1958年，终因积极反对法国共产党的路线而被开除出党。此后列斐伏尔就以党外马克思主义理论家的身份活跃于西方理论界。他任教的农泰尔学院是1968年“五月风暴”的发源地，其学生邦迪是“五月风暴”中著名的学生领袖。列斐伏尔不仅为这场声势浩大的反抗运动提供理论支援，还为之作了理论总结。

列斐伏尔研究范围广泛，著作颇丰，其中《辩证唯物主义》批判了斯大林主义和辩证唯物主义，奠定了他著名马克思主义理论家的地位。其作品还包括《日常生活批判》《马克思主义中的现实问题》《元哲学》《城市的权利》《现代世界的日常生活》《资本主义的幸存》《论国家》等。

2.列斐伏尔的日常生活批判

存在主义马克思主义的一个基本特征是从马克思主义角度出发对人类的生存意义和生存困境进行探索，这一点在列斐伏尔的理论中有着非常清晰的表现。他以马克思早期关于人的异化境况的分析为基点，展开了一场针对现代资本主义社会的全面而深刻的日常生活批判，希望以此实现真正的人的生成。

(1)马克思主义的人道主义化

列斐伏尔的《辩证唯物主义》一书是其对马克思主义与存在主义相融合的重大尝试。他在书中直接从马克思《1844年经济学哲学手稿》的“异化”概念出发，阐释马克思的人道主义理论。列斐伏尔认为，斯大林的马克思主义理论之所以贫乏，就是因为抛弃了青年马克思的“异化”概念。

列斐伏尔首先讨论了异化的必然性问题。在他看来，异化是人的存在的有限性和矛盾性带来的必然结果，是人作为自由自觉的存在和作为被自然所限制的对象性存在相冲突的必然表现。正如其所言：“在人类征服自然的过程中，这种矛盾依然存在并且更为深刻。人的活动是创造性的，人通过自己的活动创造了自身。人创造自身，但并不是自己的产物。人的活动逐渐地统治着自然界，但是，当这种活动转而反对人的自身时，就有了外部的性质，并把人类引入社会决定论之中，使人类蒙受了极大的不幸。”[①]因此，列斐伏尔高度重视马克思的异化理论，对现代社会的异化批判也成为他关注的基础和核心问题。他认为，现代社会的异化已经到达了极点，而且存在着多样的异化形式。列斐伏尔将其归结为个人与社会的异化、思想观念的异化、需要的异化、政治的异化。

个人与社会的异化指作为社会性存在的人陷入与社会集体的分裂中，成为孤独的个体，脱离了自己的社会根基；思想观念的异化表现为人们无法形成对事物和自己的真正认识，个体沉浸在私人化的世界和构想中而祛除了以整体性方式理解自身的阶级地位并进行反抗的可能性；需要的异化是指现代人将金钱视为人生的主要目的和压抑，对金钱的追求成为其至高无上的需要；政治异化在列斐伏尔看来是最为严重的异化，表现为国家具有凌驾于社会生活之上的最大权威性。

虽然列斐伏尔认为异化源于人的本质，因而不可能实现完全的人类解放——他认为人的全面发展只是一种形而上学的设

① 复旦大学哲学系现代西方哲学研究室编译：《西方学者论〈一八四四年经济学-哲学手稿〉》，复旦大学出版社 1983 年版，第 188 页。

想——但这并不意味着人一定要沉溺于这种异化状态中。列斐伏尔根据马克思《1844 年经济学哲学手稿》中的有关论述,给出了以"总体的人"来摆脱异化的可能性。列斐伏尔提出,总体的人生成的重要标志是人与自然在更高层面上的自觉统一,此时的人达到了主客体的统一,是自由自觉的和个性得到充分发展的个体。当然,这实际上是对人的存在状态的一种理想性描述,但是列斐伏尔认为,这种追求并不是乌托邦,而是人类进步发展所必不可少的力量。

(2)日常生活批判

列斐伏尔关于人的异化状态的批判,具体展示在他的日常生活批判当中。正如他本人所说:"异化理论和'总体的人'的理论是对日常生活批判的指针。这些理论能够使人揭示社会发展的总体,并确定发展方向。它们也使人能够通过对这种发展的深度的许多断面的分析,而深入细节,并把细节同总体连接起来。"[①]正因为异化的无处不在,所以列斐伏尔认为,必须关注对日常生活的分析。具体而言,日常生活批判有两个主要维度,具体如下:

其一是对日常生活自在性的扬弃。日常生活批判首先要打破的就是日常生活的自在性带来的对人的生存特别是个性发展的束缚。一般而言,传统自然经济条件下的日常生活,在基本图式上的突出特点表现为给定性和自在自发性。这种特征依然存在于现代社会,它导致人们无意中屈从于一种俗成的态度、观念、做法,而并不真正了解所以这般思考、行动的缘由。这个意义上的个体就是毫无个性、对自身的存在毫无知觉的个体。所以"我们在这里再一

---

① Henri Lefebvre, *The Critique of Everyday Life*, vol. 1, London and New York: Verso, 1991, p. 76.

次遇到了一个对于日常生活批判而言是根本性的问题……许多人，甚至可以说普遍意义上的人们，对他们自己的生活都不是十分了解，或者说对他们自己的生活了解得不够充分”①。列斐伏尔在日常生活批判中所要做的一项工作，就是使人们从庸碌的日常生活中反思自身思考和行动的依据，使他们真正“意识到”自己的生活。

其二是对日常生活异化状态的批判。这是列斐伏尔日常生活批判中更为重要的部分。他认为，当代资本主义已经进入一个全面异化的状态，而其中的重要特征之一是日常生活已经成为异化的主要领域之一，异化笼罩了包括日常生活在内的全部社会生活。列斐伏尔认为，正是日常生活的异化不断支撑着和再生产着资本主义异化的社会关系。而且，日常生活还为资本主义的经济现实和政治上层建筑提供一种掩蔽的面纱，并不断产生这种面纱。所以日常生活批判的工作就是揭除面纱，使每个人认识到自身的处境。

基于上述分析，列斐伏尔的日常生活批判主要集中于对现代资本主义社会的异化批判，他将现代社会理解为“消费被控制的官僚社会”。其主要表现是：第一，日常生活的碎片化，大量流行的隐形次体系对日常生活进行着无孔不入的渗透或控制。第二，日常生活的欲望化，人们关心的不再是自身的真实需要，消费的目的也不是满足需要，而是为了满足被现代文化刺激起来的欲望。第三，日常生活的符号体系化，日常生活世界已经变成一个被虚假的欲望符号体系操纵的地带，即被时装、休闲、旅游、网络等无形的次体

① Henri Lefebvre, *The Critique of Everyday Life*, vol. 1, London and New York: Verso, 1991, p. 94.

系控制的世界。第四，现代社会的消费意识形态化，这种消费的意识形态“已经取代了那个作为能动人的消费者的想象，这个消费者曾经拥有着充分的快乐和健全的理性……在这种想象中，不仅消费者甚至连被消费物本身都变得无关紧要，重要的是作为一种消费的艺术而存在的消费者和消费过程的幻觉。在这种意识形态的替代与置换过程中，人对自身异化的醒悟被某种作为对旧的异化补充的新的异化形式所压抑着，或甚至可以说被隐匿了”①。

不过，列斐伏尔对现代资本主义社会的全面批判，并不意味着他走向了彻底的悲观主义。因为他并不认为现代社会是铁板一块的同质化系统，而是充满着异质性和相互冲突，所以社会主体具有多种造反的可能性和机会。

（二）萨特

1. 萨特的生平和著述

让-保罗·萨特（Jean-Paul Sartre，1905～1980），法国当代著名存在主义哲学家、文学家。

萨特出生于法国巴黎，父亲是一名海军军官，在其年幼时去世。萨特在中学时期对哲学产生兴趣，立志成为一名哲学家。1924 年进入巴黎高等师范学院学习哲学，在那里广泛阅读了笛卡尔、斯宾诺莎、卢梭、康德、黑格尔、胡塞尔等人的著作，同时也接触了一些马克思主义的著作。1933 年，萨特奔赴德国柏林的法兰西学院进修哲学，研究胡塞尔现象学和海德格尔的存在主义。

二战期间，萨特积极投入反法西斯德国侵略的抵抗运动中，在洛林被德军俘虏，关入集中营。被释放后，在巴黎从事教学、哲学

① Henri Lefebvre, *Everyday Life in the Modern World*, Transaction Publishers, 1971, p. 56.

研究和文学创作工作。1943年发表《存在与虚无》，成为存在主义在法国的最重要代表。除教书和写作之外，他还积极投身政治活动，并成为法国左翼知识分子的代表。萨特并未加入共产党，但自称是共产党的同路人，在20世纪50年代初曾先后访问过苏联和中国，表达出对社会主义的支持。

20世纪50年代中后期，萨特越来越远离共产党，并且批评社会主义国家的实践，但在政治上越来越激进，思想上越来越靠近他心目中的马克思主义。20世纪60年代初，萨特与罗素组织了“国际战犯审判法庭”，反对美国侵略越南。1964年，萨特拒领诺贝尔奖，声称“拒绝一切来自官方的荣誉”。他后来成为法国“五月风暴”中学生和工人运动的精神领袖。1960年，萨特发表了《辩证理性批判》第一卷。该书系存在主义马克思主义的代表作之一。

萨特生前有大量哲学论著和文学作品问世，其中最重要的哲学作品包括《自我的超越性》《存在与虚无》《存在主义是一种人道主义》《辩证理性批判》等。

如前所述，萨特的思想以20世纪50年代为界限分为两个阶段，前期的萨特尽管在政治上与共产党保持密切联系，但在思想上从不自称为马克思主义者，他的理论立场是纯粹的存在主义。而50年代中后期开始，萨特在组织上远离共产党，但在思想上自认为向马克思主义靠拢，致力于实现马克思主义与存在主义的相互补充。之所以会发生如此转折，一方面是因为他开始越来越多地参与时事，促进了其在理论上的思考；另一方面则是因为他在《存在与虚无》中表达出来的主观主义和个人主义的态度不被学界接受，包括列斐伏尔、梅洛·庞蒂在内的许多学者都将其存在主义理解为对资产阶级虚无主义、反人道主义意识形态的宣扬，因而提出了尖锐的批评。正是这一背景也督促萨特向存在主义马克思主义转变。本书将主要介绍萨特的后期思想，特别是他在《辩证理性批判》中的基本观点。

2. 萨特的存在主义马克思主义

萨特之所以被视作是存在主义马克思主义最著名的代表人物之一，在于他将存在主义中强调的生存着的“人”带入马克思主义理论体系中。事实上，萨特认为，马克思的经典理论中并不欠缺对具体的、现实的人的分析，正是在这个意义上他说马克思主义是不可超越的；但他认为问题在于，当时的马克思主义落入教条主义的窠臼，在斯大林教条主义统治下的、作为官方意识形态的马克思主义（当然也包括法国共产党坚持的马克思主义）彻底取消了人的存在。历史的发展变得非人化，成为在生产力—生产关系的作用结构中的一种规律性呈现。正是基于马克思主义发展中的这种停滞乃至退化状态，萨特决意用“真正的人学”即存在主义来补充马克思主义，并且从辩证法入手重构当下的“正统”马克思主义理论，由此提出“人学辩证法”和“历史辩证法”理论。

（1）人学辩证法

萨特之所以从辩证法入手，是因为在他看来，辩证法能最典型地体现出人的消解。尤其是辩证唯物主义的提出，使辩证法成为“教条主义的公式”，它表现出一种片面的、僵硬的外在因果性，导致人在历史面前成为毫无作为的旁观者。具体的、活生生的处在各种生活关系中的人，各种真实或者虚假的行为、目的等都被“无人的自然界”吞没了。所以萨特通过重新强调人在辩证法中的地位来恢复真正的辩证法精神。萨特说：“如果存在着辩证理性，那么它是在人类实践中，并通过人类实践，向处在某个特定社会内的人，在它发展的某一时刻表现出来，并且建立起来。”[①]这恰好正构成了人学辩证法的来源，辩证法必须是有人参与其中的，是人通过筹划而在实践中不断超越现实的辩证关系的体现。

由此一来，实践概念在人学辩证法中具有极其重要的作用。但这里的实践并不是马克思主义所说的能动地改造外在世界的活动，而是一种“主观性”的“自由”行动。在萨特看来，这种个体实践具有不可还原性，它表现为每一个具体的存在者在其所处的生存境遇中实施的行动。人正是在这种实践的谋划中规定自己，实践也正标示出人对既有条件和物质性的一种扬弃和超越。当然，我们并不能因此而忽视使实践得以可能的现实物质条件和工具结构，它们决定着人走向现实、超越既定环境的前提。人类正是在实践中不断立足现实又超越现实，呈现为不断构成中的自我。这事实上与萨特的“存在先于本质”的存在主义理念是内在统一的。

不过，在分析实践的超越性的同时，萨特提出与之相生相克的另一面，即“实践的惰性存在物”。惰性是萨特非常重视的概念之一，它表征的是一种懒散的无活力性，一种非创造性的受动状态，因而与实践的创造性特征是截然相反的。可是，这种惰性存在物正是实践的产物，它表现为在实践中人们生产出来的客体化的定型物，比如各种具体的产品、体制、传统等，这便类似于马克思在《德意志意识形态》中所讲的，我们生活于其中的现存感性世界，实际上正是人类连续不断的感性劳动和创造的结果。不仅如此，这种惰性存在物同时也成为人们下一步实践的基础，实践就是通过行动使惰性存在物发生改变。没有惰性存在物，便没有进一步实

① ［法］让-保罗·萨特：《辩证理性批判》（上），林骧华等译，安徽文艺出版社 1998 年版，第 166 页。

践的可能性和方向。然而,当萨特将之命名为“惰性”时,就揭示出其消极的一面,因为它同时又意味着惰性存在物作为“定形物对人的统治”。以工业生产中的工具“定形物”为例,在资本主义物质生产中,聚集在工具或者机器中的物质力量规定了行动的结构,机器成为指令者,而人成为机械地接受指令的被动性存在。从这个角度讲,萨特认为具有构成性特征的实践由于被刻进惰性的物质化同一性之中而变为“反实践”,人的创造性的实践活动为惰性物质所制约乃至窒息,生成性的实践辩证法颠倒为“反实践的辩证法”。

萨特的分析并没有就此结束,他进一步追问惰性存在物可能翻转为统治人的力量的原因。他的回应是因为“匮乏”,即物质实在和生活条件的稀缺。他说“人类的总体发展,至少迄今为止,一向是在同匮乏做艰难的斗争。因此在每一个层次上,已定的和社会化的物质化的消极行动的基础就会转变成匮乏的原初结构”①。只要人们的生存尚处在匮乏之中,就不得不面向惰性的外在性环境,就必然要被来自物质的惰性结构制约。所以,人之所以接受机械的指令,乃是因为这是消解匮乏的必要手段。萨特说,这最终导致的就是人的异化,而且是作为必然结果的异化。“异化并不是暂时的历史现象,异化的发生是本体性的。”②

(2)历史辩证法

萨特的历史辩证法和人学辩证法是一体的。全部社会历史开始于个人的实践,个人实践构成历史总体化进程的原初动力和唯一基础。不过,正如个人实践由于匮乏的存在可能出现异化一样,社会历史的发展在萨特那里也充满了反辩证法特征。

---

① [法]让-保罗·萨特:《辩证理性批判》(上),林骧华等译,安徽文艺出版社1998年版,第266页。

② 张一兵:《文本的深度耕犁》第1卷,中国人民大学出版社2004年版,第334页。

如前所述,人在实践中生产出来的惰性存在物,除了外在环境、工具等之外,还包括社会集合体。作为一种消极的人类集合体,它经历了从“群列”到“集团”的发展过程。所谓“群列”,主要指日常生活中形成的人与人之间的外在性集合关系,群列通常出现在某一特定场所,譬如街道、广场、公共汽车。在这个阶段,由许多人组成的群体,虽然已经形成了初步的集体,但还处于一种散漫关系中,人们没有共同的利益对象,也没有共同的实践,只有被动的活动性的物质来支配着人。以等公交车的人组成的群列为例,在这个群例中,大家的关系相对松散,但争夺座位的目的使他们互相成为潜在的敌人,他们实质上是被外在的物质条件所支配的。个人的自由实践在这个意义上被否定了。萨特认为,阶级就是一个群列式的群体。

集团则与群列不同,它是人们为了抵抗物质性的被动制约而建构起来的有机结构。在集团中,人们开始联合起来形成共同的实践,集团是对群列那种纯粹个人外在共在状态的克服。根据集团的内在构成逻辑,萨特主要描述了四种形态的集团形式,它们分别是聚合群队、誓愿集团、组织集团和制度集团。其中,聚合团队是集团的初级状态,它是在一定的共有目标或者外部压力的驱动下集合起来的外部集团,譬如1789年巴黎群众攻占巴士底狱时候形成的群队。聚合群队往往在完成任务之后就解散了,具有很强的不稳定性。于是,集团需要不断通过誓愿、组织以及制度等新的手段和方法来达到维持自身的目的。尤其是最后的制度集团,它将所有人都固化在非有机的制度体系中,并且产生出人人必须服从的主权者。这样的后果就是,用于维持制度集团的那种制度,本来是为了更好地支持个人自由,但最后却导致个人自由被主权者剥夺。萨特提出,这种趋势发展的极点就是“官僚国家”。

从个人实践到制度集团，惰性的实践完全取代了自由实践。萨特认为，要打破这种惰性机制，唯一真正有战斗性和行动力的社会集团就是工人阶级。在他看来，工人阶级的实践力量最终一定会消解制度集团，而社会历史也必将重新开始这个从个人实践到制度集团的发展轮回。

第三章　西方科学主义马克思主义

第二次世界大战之前，人本主义的马克思主义思潮几乎占据了西方马克思主义的全部舞台。但是战后这种状况发生了急剧变化，出现了一股与之抗衡的科学主义马克思主义思潮。后者主要体现在两个流派中：一是以法国路易·阿尔都塞和希腊科斯·普兰查斯为代表人物的结构主义马克思主义；一是以意大利的德拉-沃尔佩为代表人物的新实证主义马克思主义。

第一节　结构主义马克思主义

一、结构主义马克思主义概述

结构主义马克思主义是20世纪60年代首先在法国兴起的西方马克思主义重要流派。它作为存在主义马克思主义的对立面出现，在反对萨特过分突出个体自由和人的主体性的基础上，坚持用结构主义方法对马克思主义做一种科学主义的解释。

(一)结构主义马克思主义的历史

结构主义马克思主义的产生与结构主义的流行密不可分。结构主义并不是一个统一的哲学派别,而是起源于语言学,后逐步贯穿于人类学、历史学、心理学、文学等人文历史学科的结构方法论,并于20世纪五六十年代在法国哲学中居于主流地位的一种思潮。为人们所公认的结构主义的先驱是瑞士语言学家费尔迪南·德·索绪尔(Ferdinand de Saussure)。他是第一位确立了语言学结构主义原则的思想家,其理论中有两点思想产生了重要影响。

首先,索绪尔在语言学研究中区分了共时态(同时性)语言研究和历时态(历时性)语言研究,并突出共时态研究的重要性。所谓共时态研究主要关注作为社会现象的语言,是从一个时期的语言的横断面来研究语言,而历时态则关注作为个人现象的语言,是从语言的历史发展过程来看待语言。索绪尔认为,以往的学者更加关注于语言的历史发展和历时态演变,但实际上这不是最重要的部分,人们应当将更多精力放在研究语词和语言系统其他要素之间的关系。换言之,就是要把现实语言作为一个系统来看待,以研究语言的静态结构。

其次,根据语言共时态研究,索绪尔阐述了语言结构的重要性。他认为,作为一种社会现象的语言整体不同于个人语言,它是一个独立于个人体系的、在人们的集体活动中无意形成并独立地流传的先验结构。个人的言语即语言的具体表达,必须服从于社会的语言结构,才能够加入语言系统,起到表达作用。在索绪尔看来,语言作为一个符号系统,是一个独立的封闭整体。语词意义的获得不能求助于外在的现实,而应求助于语言结构本身。正是语言结构使一个词通过代表某一特定客体具有了意义。

源于语言学研究的结构主义思潮把语言学中的结构主义作为

学术研究的主要方法，将研究重心从个体人的生存转移到对客观结构的发掘，以此超越传统的主体形而上学和心理主义，在思想界产生了重大影响。正是在这个氛围中，法国哲学家开始思考将结构主义和马克思主义相结合。

最早把马克思主义与结构主义进行结合的是年轻的人类学家吕西安·塞巴格(Lucian Sebag)。塞巴格曾加入过法国共产党，后来在思想上发生分歧，试图从结构主义角度解释马克思主义。1963年，塞巴格出版了《马克思主义与结构主义》，第一次正式论及结构主义与马克思主义的关系。塞巴格在该书中认为，结构主义是一种最好的科学方法，这一方法在历史、本体论、精神分析和马克思主义中都发挥了重要作用。鉴于当时的马克思主义日益成为一种"意识形态"，要改善这一状况就必须求助于结构主义。不过，虽然塞巴格在结构主义马克思主义结合方面开了先河，但因为过早辞世，他并没有在理论界产生多大影响。

结构主义马克思主义的真正创立者和最大代表是法国哲学家阿尔都塞。在他的影响下，20世纪60年代结构主义在法国的理论舞台上占有极其重要的地位。但是1968年的"五月风暴"给其带来了重大打击。参加这次政治运动的青年学生将阿尔都塞当作自己的精神领袖，但阿尔都塞根本没有在这场运动中出现，也没有做出任何声援由此导致人们对其理论的极度失望，该学派内部许多成员也因为阿尔都塞的消极态度而对其表达出不满。20世纪70年代中期之后，随着阿尔都塞本人精神状况的恶化，结构主义马克思主义作为一个派别走向了解体。

(二)结构主义马克思主义的特点

结构主义马克思主义在西方马克思主义的诸多理论体系中扮演着独特而重要的角色，具有极为深远的影响。有学者将阿尔都塞的著作称作"马克思主义的文艺复兴",将人们从官方解释者那种对马克思主义的乏味重复中解放了出来。结构主义马克思主义之所以如此独特且具有吸引力,源于其所拥有的下述特征:

1. 反人道主义

众所周知,《1844 年经济学哲学手稿》的出现在马克思主义理论界产生了重大影响,许多学者认为它代表了马克思理论的巅峰,是其理论体系中最具生命力的部分。由此出发,从人道主义角度解释马克思主义的理念逐渐盛行,无论是法兰克福学派、弗洛伊德主义马克思主义者,还是存在主义马克思主义者都秉持着这一思路。结构主义马克思主义却反其道而行之,在批判人道主义马克思主义可能导致的主体的经验主义和本质的唯心主义问题的基础上,将马克思早期思想视作非科学的东西加以否定,认为成熟时期的马克思才真正走上了科学道路。阿尔都塞提出:"从 1845 年起,马克思同一切把历史和政治归结为人的本质的理论彻底决裂。"[①]在对人道主义的批判中,马克思用生产力和生产关系等概念替代了人的本质的旧概念,辩证唯物主义和历史唯物主义的科学理论由此被确立起来。

2. 反经验主义的认识论

阿尔都塞的理论中体现出反经验主义的典型特征。他认为经验主义认识论是意识形态哲学,具有"前科学"性质。因此,经验主义是必须要摒弃的"宗教阅读"的"世俗变种",是"神话的复活"。阿尔都塞说:"当他自觉地抛弃了经验主义的意识形态时,当马克思在《〈政治经济学批判〉导言》中说,任何科学认识的过程都始于抽象,始于一般性,而不是始于实在的具体时,他证明这样一个事

① L. P. Althusser, *For Marx*, The Penguin Press, 1969, p. 239.

实:他真的同意识形态决裂了,真的同仅仅谴责思辨抽象决裂了。"[①]在对经验主义的摒弃中,马克思才走上了科学道路。

3. 反历史主义

反历史主义是结构主义马克思主义的另一典型特征。正如前文所讲,结构主义的重要观念之一就是强调在历史横截面上进行的共时性研究,而反对从时间延展的历时性视角下进行思考。这种观念也延续到结构主义马克思主义的分析模式中。阿尔都塞认为,历史并不表现为渐进性的发展过程,所谓的历史"发展"不过是一种结构性转换而已,它具有不连续性和中断性。所以,重要的不是考察"发展"的过程,而是考察每一个阶段的结构模型。正是基于这一认知,在对马克思思想的研究中,阿尔都塞也明确以《德意志意识形态》为界区分出"意识形态阶段"和"科学阶段",认为这两个时期的理论在结构模式上是完全不同的。

二、结构主义马克思主义主要代表人物及其思想

(一)阿尔都塞

1. 阿尔都塞的生平和著述

路易·皮埃尔·阿尔都塞(Louis Pierre Althusser,1918～1990),法国著名马克思主义者,结构主义马克思主义的创立者。

阿尔都塞出生于阿尔及利亚首都阿尔及尔附近的小镇比曼德利,原籍在法国北部的阿尔萨斯省,父亲是银行经理。1924 年在阿尔及尔开始读小学,1930 年跟随父母回到法国马赛读中学,毕业后进入法国国立高等师范学校预科班学习,1939 年考入该校文学院。同年 9 月,因为战争原因学业延迟,阿尔都塞应征入伍,驻守布列

① L. P. Althusser, *For Marx*, The Penguin Press, 1969, p. 190.

塔尼。1940年6月，德军占领法国，其所属部队全体被俘，他被囚禁于战俘营直到战争结束。其间阿尔都塞精神病发作，曾在战俘营接受治疗。1945年重入巴黎高等师范学院攻读哲学，师从加斯东·巴什拉(Gaston Bachelard)。1948年加入法国共产党。1950年，阿尔都塞在导师巴什拉的指导下完成研究资格论文《黑格尔哲学中的内容的观念》，后留校任教。

从20世纪60年代开始，阿尔都塞尝试用结构主义方法解释马克思主义著作。1966年12月，英国《泰晤士报》文学副刊介绍了阿尔都塞的工作，其被视作"结构主义马克思主义"的杰出代表。阿尔都塞还在法共内部组织学习小组，研读马克思主义经典著作，抨击法共意识形态，并对中国的"文化大革命"寄予厚望。1968年法国"五月风暴"期间，因为批评学生犯了"左派幼稚病"而受到批评。从那时开始，阿尔都塞开始反省自己的思想，从70年代起不断宣称马克思主义陷入了危机之中。他的这种悲观情绪随着中国"文化大革命"的结束而日益加剧。1980年因为精神病发作，阿尔都塞误杀了自己的妻子，被送进精神病院监护。1983年，阿尔都塞离开医院过着隐居生活，虽然还继续研究和写作，但几乎没有公开发表过什么东西。1990年因心脏病去世。

阿尔都塞的主要著作包括《孟德斯鸠、卢梭、马克思：政治和历史》《保卫马克思》《读〈资本论〉》《列宁与哲学》《为了科学家的哲学讲义》《自我批评材料》《立场》《来日方长》等。

2.阿尔都塞的结构主义马克思主义

(1)症候阅读法

阿尔都塞认为，此前对马克思的理解之所以陷入人道主义思路中，乃是因为人们对马克思著作的阅读往往停留于表面，没能挖掘到马克思思想的深层部分，并因此忽略了成熟时期马克思思想实现的从人道主义向科学理论的转变。所以，为了对马克思主义进行科学解读，阿尔都塞借鉴结构主义方法，提出了不同于直接阅读的症候阅读法，并通过阅读《资本论》而把马克思学说表述为一种科学。

阿尔都塞的症候阅读法基于对文本双重结构，亦即文本的表层结构和深层结构的分析。表层结构是外显的，是文本通过文字表述、字句间的逻辑关系表达出来的结构；而深层结构是内在的，是隐藏在表层文字和逻辑关系背后的深层思维理论结构，包括文字之间的空白、标点符号的间断、文章对某些问题表现出的沉默和空缺等。正是针对文本双重结构，阿尔都塞提出了双重阅读法，其一就是人们通常使用的直接阅读，这种阅读方式只能发现文本的表层结构；另一就是"症候阅读"，它要依据文本表现出的各种症候，包括文本中的沉默、缺失、空白等揭示文本的深层结构。这种方法其实源自弗洛伊德的精神分析学，后者就是通过对日常生活中或者梦境中的错误、疏忽等识别出隐藏的症状。阿尔都塞就是要用这种症候阅读法，通过对马克思文本的深度阅读去努力挖掘文字背后、被作者无意识地投射到理论中的深层结构。

阿尔都塞指出，文本的深层结构可以被视作是一种"问题式"。每一种思想的内在组成部分，它所包含的各种特定的理论问题的性质，都由问题式这一深层结构决定。问题式还决定了理论家提出问题的方式和范围，这是使一种理论能够以特定方式提出某些问题，而拒斥其他问题产生的整体结构。阿尔都塞在《论〈资本论〉》中就用了大量篇幅来分析马克思在自己的理论中提出了哪些问题与没提出哪些问题，以此说明是怎样的问题式决定了马克思的思考范围和视域。实际上，即便是马克思本人也是以症候阅读的方式来展开他的研究的，譬如在《资本论》中马克思经常使用"古典经济学看到了……但是它又没看到……”的句式来表达自己的理论与古典经济学理论之间的差别，并由此提出古典经济学没有意识到的“剩余价值”问题。这里的“看到”和“没有看到”就是在深层阅读中获得的体验。因此阿尔都塞说：“古典著作本身告诉了我们它所沉默的东西：它的沉默是它特有的话。”[①]

(2)认识论断裂：从意识形态到科学

借助症候阅读法这一独特方法，阿尔都塞在《读〈资本论〉》和《保卫马克思》等著作中对马克思思想的深层结构及其蕴含的问题式的转变进行探讨，以此批评对马克思主义的人道主义解读，揭示马克思主义理论的科学性。阿尔都塞认为，以1945年为界，马克思理论的前后期经历了从“意识形态”问题式到“科学”问题式的转换，他称这一转换为“认识论断裂”。在提出这一观点时，阿尔都塞首先对“意识形态”和“科学”概念进行了解读。

阿尔都塞认为“意识形态”“是具有自己的逻辑和严格性的表象(意象、神话、观念或概念)体系，它在给定的社会中历史地存在并起作用”[②]。具体而言，意识形态具有如下几个特征。第一，意识形态是一种客观的无意识结构，也就是说，意识形态不是自觉意识，不是经过理性分析的科学体系，而是基于形象和体验的无意识结构，它以外在形式强加于人身上。第二，意识形态表现为一种实践性和社会性，当它与占统治地位的阶级的要求相结合时更是这样。阿尔都塞指出，虽然意识形态实践性会压制人们对自己的实践进行合理分析的科学要求，但意识形态的存在又是必需的。正如阿尔都塞本人所说：“历史是对人类的生存条件的不断改造，即

① [法]路易·阿尔都塞、艾蒂安·巴里巴尔：《读〈资本论〉》，李其庆、冯文光译，中央编译出版社2001年版，第13页。

② L. P. Althusser, *For Marx*, The Penguin Press, 1969, p. 232.

使社会主义社会也是如此;人类因而必须不断地改造自己,以适应这些条件。这种'适应'不能放任自流,而应该始终有人来负责、指导和监督,这个要求的表现形式就是意识形态。"[①]这其实又指引出意识形态的第三个特征,就是它的普遍性。

与意识形态相对立的是"科学"。阿尔都塞曾经这样定义科学:"马克思的立场和他对意识形态的全部批判都意味着,科学(科学是对现实的认识)就其含义而言是同意识形态的决裂,科学建立在另一个基础之上,科学是以新问题为出发点而形成起来的,科学就现实提出的问题不同于意识形态的问题,或者也可以说,科学以不同于意识形态的方式确定自己的对象。"[②]

正是基于科学与意识形态的对立,当阿尔都塞断定在马克思的理论中存在着一个意识形态阶段和一个科学阶段时,其所表现出来的认识论断裂便十分明显了。阿尔都塞认为,这一断裂发生在 1845 年他同恩格斯合著的《德意志意识形态》中,此前是"意识形态"阶段,其时马克思还停留在人道主义的特别是费尔巴哈的人本学或者伦理学的问题式之中;此后则进入"科学阶段",作为历史科学的历史唯物主义和作为哲学的辩证唯物主义也由此诞生。

当然,在阿尔都塞看来,马克思的认识论断裂不是在一瞬间发生的,它从不成熟到成熟本身经历了一个过程,就此而言,可以将马克思理论划分为四个阶段。第一阶段是青年时期的著作(1840~1844),包括马克思的博士论文、《1844 年经济学哲学手稿》和《神圣家族》。这一阶段的马克思处于典型的人道主义时期,最多讨论的问题就是自由、理性、异化等。第二阶段是断裂时期(1845),主

① L. P. Althusser, *For Marx*, The Penguin Press, 1969, pp. 235-236.

② L. P. Althusser, *For Marx*, The Penguin Press, 1969, p. 78.

要著作包括《关于费尔巴哈的提纲》和《德意志意识形态》，马克思在这一时期提出了生产力、生产关系等新的概念，放弃了人道主义意识形态。不过，这属于新的问题式产生的初期，许多理论还没有被真正展开，尚未达到真正的成熟。第三阶段是成长时期（1845～1857），其著作主要包括《共产党宣言》《哲学的贫困》《工资、价格和利润》等。这一阶段马克思进行了一系列的实证研究，为建立一个适合于其革命理论设计的问题框架做准备。第四阶段是成熟时期（1857～1883），以《资本论》和《哥达纲领批判》为代表。这时的马克思彻底摆脱了意识形态束缚，形成了真正的科学理论体系。

(3)"多元决定"的辩证法

阿尔都塞引入结构主义方法对马克思的思想进行重新解读，认为马克思的理论发展经历了一次认识论断裂，最终走向了一种科学立场。这种科学性就表现为马克思哲学中的多元决定的辩证法。阿尔都塞认为，强调事物结构和矛盾结构的复杂性和多元性是贯穿马克思思想各个层面的核心思想。这首先表现为其多元决定的矛盾观。

阿尔都塞是在比较黑格尔和马克思矛盾观的基础上得出这一结论的。可以说正是他们矛盾观的区别决定了其辩证法的区别。阿尔都塞认为，黑格尔与马克思矛盾观的区别不在于强调矛盾是观念性的还是物质性的，而在于他们所理解的是两种不同性质的矛盾。其中，黑格尔的矛盾是单一的、简单的、可还原的，其所理解的矛盾运动属于"只有一对矛盾的简单过程"。具体来说，黑格尔的矛盾属于分离为两个对立面的、简单的原始统一体，即绝对精神，绝对精神在把自己分裂成两个对立面的同时实现了自己的异化，使自己既是自己又是他物。由于两个对立面具有原初的统一性，因此在分裂和异化中获得丰富之后重新归于统一。但马克思的矛盾观不同，其矛盾是多元复杂的，它“把承认一切具体‘对象’具有复杂结构的既与性上升为原则，并认为正是复杂结构决定着对象的发展，决定着产生其认识的理论实践的发展……不再是任何原始的简单统一体，而是有结构的复杂统一体的既与性”[①]。阿尔都塞认为，只有这种建立在复杂矛盾运动基础上的辩证法才可能是科学辩证法。

由此出发，阿尔都塞进一步指出，决定社会运动和发展的是多元决定的矛盾运动。虽然在马克思看来，经济因素在历史发展中起着决定性作用，但并不意味着上层建筑或者其他要素只处于单纯的被决定的位置上，它们也具有自身的相对独立性，在历史发展中同样发挥着相当重要的作用。恩格斯同样批判了把经济要素作为历史唯一决定因素的思想，强调历史是多种要素共同作用的结果。整个社会作为一个复杂的机构整体，它的每一种因素都可能在某一时刻起决定作用，这就是多元决定论。

(二)普兰查斯

1. 普兰查斯的生平和著述

尼科斯·普兰查斯(Nicos Poulantzas，又译作尼科斯·波朗查斯，1936～1979)，希腊马克思主义政治哲学家，结构主义马克思主义的代表人物。

普兰查斯生于希腊雅典，从青年时期开始对马克思的政治理论怀有极大的兴趣，并为此加入了希腊民主联盟。因为当时共产党被希腊当局禁止，这个联盟实际上是披着合法外衣的希腊共产党外围组织。后来加入希腊共产党。1968 年希腊共产党分裂后，普兰查斯成为希腊共产党国内派成员。

---

① [法]路易·阿尔都塞:《保卫马克思》，顾良译，商务印书馆 1984 年版，第 169 页。

普兰查斯在大学期间主修法学，1957年从雅典大学毕业。在服役结束后，他进入法国巴黎索邦大学担任助教，继续从事法学研究。1964年普兰查斯完成了法哲学研究的博士论文《事物与权力的本质：论事物及其价值的辩证法》，试图以卢卡奇和戈德曼的理论为指导，形成富有自己特色的法哲学理论。1965年其博士论文正式出版，并获得法国学术界的荣誉奖。1868年希腊共产党分裂之后，普兰查斯被结构主义马克思主义者阿尔都塞吸引，投身其门下并成为该派重要成员。他结合当时的历史现状，用结构主义马克思主义方法，深入研究了社会主义和共产主义政治理论，尤其是国家、权力、专政、意识形态等问题，形成了自己独特的结构主义的国家理论和阶级理论。

普兰查斯在20世纪70年代后期先是染上了严重的悲观主义思想，后因法国左派联盟的失败而引起抑郁症，加之因为对越南武装侵略柬埔寨这种社会主义国家间的战争无法理解，于1979年自杀身亡。

2.普兰查斯的国家与阶级理论

(1)关于资本主义国家的理论

作为结构主义马克思主义者，普兰查斯一生的研究重心都在国家和阶级问题上。他认为，20世纪的政治理论都在根本上提出了同一个问题，那就是国家、权力和阶级的关系。普兰查斯首先对“国家”进行了分析。在这方面，他反对将国家视作工具的传统马克思主义观点，认为这是对国家本质的一种简单化的理解，并不符合实际情况。事实上，当人们承认国家具有相对自主性时，工具论的说法就已经不攻自破了。普兰查斯还以当代资本主义社会为例来说明这一点。在他看来，在资本主义国家内部不仅存在着资产阶级和工人阶级的基本对立，还存在着小资产阶级、农民、官僚和知识分子等阶层，而资产阶级本身也分化为不同派别，并非铁板一块。从这个角度讲，国家并不能够完全代表某一派别或权力集团的利益，它不是统治阶级的简单工具。

由此出发，普兰查斯给出了关于国家的新理解，认为它既是调和一个社会形态的统一因素，又是各个形态各个方面矛盾集中在一起的结构。换言之，它其实是阶级力量对比关系的物质性凝缩。"国家的特殊职能就是要成为一种社会形态各个方面调和的因素。这正是马克思主义关于国家概念的原意，即国家是一种社会形态的'秩序'或'组织原则'：但这并不是指现代意义的政治秩序，而是就它能够起着一个复杂的统一体所有各个方面调和的意义而言，并且是作为调节这个体系综合平衡的因素而言。"①

不过，即便如此，普兰查斯也并不是在中立的意义上来理解国家本质的，尤其是当这个对象是资本主义国家时。国家所展示出的调和性作用，归根结底还是为了维护资产阶级的政治统治。资本主义国家相对自主的特质，意味着它能够在统治阶级和被统治阶级之间实现物质利益的妥协，以消解被统治阶级斗争和反抗的意识。这有利于维护资本主义的平稳运行，确立统治阶级的领导权。

在理清"国家"本质的基础上，普兰查斯对国家职能进行分析。如其所说，当代资本主义国家的职能具有多样性特征："国家的秩序或组织职能按照在各种情况下出现的不同方面而具有多种多样的形式，那就是说，在经济方面表现为技术经济职能，在政治的阶级斗争方面表现为政治职能，在意识形态方面则表现为意识形态

① [希腊]尼科斯·波朗查斯：《政治权力与社会阶级》，叶林等译，中国社会科学出版社1982年版，第38页。

的职能。"[①]但就这三个职能的排序而言，普兰查斯认为国家的技术经济职能和意识形态职能受到国家政治职能的多元决定的影响。他首先从经济职能角度出发证明这一观点。

正如我们所知，二战之后资本主义国家在功能上发生了显著变化，对经济领域开始了大规模的直接干预，呈现出福利国家和资本国有化的表象。普兰查斯认为，资本主义国家经济职能之所以凸显，乃源于资本主义生产利润率的下降。国家大规模干预经济，实际上是反趋势的手段。为了反抗利润率下降，资本主义国家主要采取两方面措施：一个是促使不变资本贬值，以保证利润率的上升；另一个是通过劳动力的培训和技术革新等方式，实现剩余价值率的增长。然而，国家的经济职能并非孤立的经济行为，在普兰查斯看来，它与阶级斗争密切相关，因为利润率下降的趋势完全是大众反剥削斗争的表现。因而两种反趋势手段哪一个更重要，优先使用哪一个，都要依赖于每一个社会形态中的阶级斗争的形势而定。并不存在纯粹的经济职能。当然，意识形态职能更是如此。当国家介入经济领域，通过劳动力培训等一系列方式反抗利润率下降时，就已经开启了意识形态职能。通过这种教育、培训等形式，行政工作人员、技术员、工人等出现了分层，造成了大众的相互分离。甚至针对不同阶层的医疗政策，设立不同的社会保障机构，也是为了进一步造成大众的分化。如此一来，组织起来反抗资本主义社会的阶级力量被完全消解掉了。从这个角度讲，国家意识形态职能也是直接服务于其政治职能的。

---

① [希腊]尼科斯·波朗查斯：《政治权力与社会阶级》，叶林等译，中国社会科学出版社1982年版，第44页。

(2)关于社会阶级的理论

普兰查斯的阶级学说和国家学说是紧密结合在一起的。所谓国家就是阶级国家,所谓阶级就是国家中的阶级。普兰查斯在《当代资本主义中的阶级》一书中给出了他对“社会阶级”的理解:“或许可以这样说,一个社会阶级是根据它在社会实践总体中的地位,即根据它在社会总体劳动分工中的地位来加以定义的。这一总体包含着政治的和意识形态的关系。在这个意义上,社会阶级是这样一个概念,它指示出社会劳动分工(社会关系和社会实践)内部的结果。因此,这一地位与我称之为阶级的结构决定是一致的,也就是说,与结构所决定的阶级实践内部的存在是一致的。这里说的结构是生产关系、政治和意识形态的支配或从属关系。阶级仅仅存在于阶级斗争中。”①其关于阶级的上述定义突出了如下几个方面的特点。第一,阶级是由自身在社会实践总体中所处的地位来决定的,简言之,就是由经济地位来决定的。第二,突出了在社会实践总体中政治和意识形态的重要性。正如普兰查斯自己所说:“分辨一个社会阶级既可以从经济方面,从政治方面,也可以从意识形态方面,因此,那就可以根据一种特殊环节确定阶级的地位。”②第三,强调阶级唯有在阶级斗争中才能存在。第四,提出“阶级的结构决定”的观点,展示出结构主义的立场。普兰查斯认为,社会阶级是被结构地决定的,而阶级的决定结构是一个给定社会存在的生产方式的组合,亦即经济关系、政治关系和意识形态关系的组合的结果。这意味着,阶级是客观存在的,独立于阶级成员的意志,甚至一个社会阶级也可能会采取与自己利益不一致的阶级立场。

---

① Nicos Poulantzas, *Classes in Contemporary Capitalism*, NLB, 1975, p.14.

② [希腊]尼科斯·波朗查斯:《政治权力与社会阶级》,叶林等译,中国社会科学出版社1982年版,第60页。

普兰查斯的阶级学说的研究重点是小资产阶级。他将小资产阶级区分为两种类型:一是传统小资产阶级,主要包括具有小规模的生产和所有权的独立的手工业者和商人;二是新的小资产阶级,包括管理者、技术人员、办公室和服务型机构的雇员、商业和银行的雇员等。普兰查斯关注的是第二类小资产阶级,认为其对确立合理的革命战略来说至关重要。他说:"小资产阶级的问题不仅居于关于当前帝国主义大都市中的阶级结构的讨论的中心,而且也居于关于受统治的、依附性'边缘'形态讨论的中心,这一形态通过各种对边缘问题的分析而显现出来。这个问题的确是马克思主义的社会阶级理论的一个关键性方面。"①

普兰查斯认为,新的小资产阶级在意识形态上具有以下几个特点:第一,反对资本主义,但又不主张革命,抱有改良幻想。第二,对资本主义政治和意识形态有挑战的热情,但倾向于通过参与政权的形式来重新安排这种关系,而不是通过革命。第三,试图改变生活和工作条件,但不愿意诉诸革命行动。第四,受到"权力拜物教"的影响,崇拜国家权力。第五,观念比较激进,但仍然摆脱不了资产阶级的意识形态,与工人阶级的集体行动方式存在着重大差异。

即便如此,新的小资产阶级仍旧有向无产阶级分化的可能,尤其是下面三类小资产阶级:第一类包括商业部门中低水准的劳动者、服务部门和国家机器的雇员及饭店、咖啡馆、剧院、电影院、医院的杂工等;第二类是公共的和私人的官僚化的部门中地位较低的副手、办事员、各种类型的办公室工作者;第三类是直接卷入生产劳动过程的技术人员和低级工程师等。不过,能否切实实现向

① Nicos Poulantzas, *Classes in Contemporary Capitalism*, NLB, 1975, p. 193.

无产阶级的分化，还要取决于资产阶级和工人阶级在力量上的对比。所以，重要的是深入研究资本主义社会中的阶级关系，改变阶级力量对比，才能实现无产阶级革命。

第二节 新实证主义马克思主义

一、新实证主义马克思主义概述

新实证主义马克思主义是二战后科学主义马克思主义思潮的另一个代表性学派。它发源于意大利，兴起于 1956 年苏共二十大之后，衰落于 1965 年。新实证主义马克思主义最著名的代表人物是德拉-沃尔佩。

(一)新实证主义马克思主义的由来

新实证主义马克思主义是意大利知识分子在现实压迫下做出的选择。1953 年斯大林逝世以及苏共二十大的召开，使各国共产党陷入一种迷茫状态，这种迷茫表现在理论上，就是对斯大林权威化的辩证唯物主义模式的合法性的质疑。意大利共产党内也因此出现了一系列理论危机。为了从辩证唯物主义危机中走出来，以德拉-沃尔佩、科莱蒂为首的一些知识分子强烈倡导一种不受斯大林辩证唯物主义模式所污染的新的研读方式，他们将实证主义作为方法论武器，以黑格尔与马克思的关系为突破口，发展出一种既反叛辩证唯物主义思路又不同于早期西方马克思主义的颇富科学精神的解释模型。

新实证主义马克思的代表人物大都来自意大利共产党内部，在意共中属于少数派。20 世纪五六十年代，在德拉-沃尔佩周围聚集起一批与其理念相同的研究者，他们围绕意大利共产党的一份杂志《社会》宣传自己的观点，并由之形成一个以科学方式解释马克思主义的流派。新实证主义马克思主义也因此被称作“德拉-沃尔佩学派”。

新实证主义马克思主义认为，无论是苏联的马克思主义还是从卢卡奇开启的西方马克思主义，都是用含糊的人道主义和黑格尔辩证法解释马克思主义。他们忽视了马克思主义的历史唯物主义根本原理，因此导致对资本主义的歪曲理解。

鉴于苏联马克思主义与早期西方马克思主义的错误理解，新实证主义马克思主义一方面主张重新考察共产主义运动的奠基性文件，并对运动的历史与现状进行分析，以便从中引出正确的理论，把潜在的阶级斗争改造成积极的阶级斗争；另一方面试图把握历史唯物主义的含义，在历史唯物主义指导下对社会生产的具体过程进行批判和科学分析，对资本主义及其社会积极的历史发展进行具体研究。

20 世纪 50 年代后半期，德拉-沃尔佩提出的观点一度强烈地影响了意大利共产党，导致党内一些人对意共的政策抱有怀疑态度。1961 年，意共中央视德拉-沃尔佩为“分裂主义者”，并于 1962 年解散了《社会》杂志。尽管如此，德拉-沃尔佩学派还是依靠《未来》和一些学生杂志继续批评意共，并招致意共的反击。不过，随着 1964 年科莱蒂退出意大利共产党，1965 年德拉-沃尔佩退休，该学派宣告解体。

（二）新实证主义马克思主义的特点

新实证主义马克思主义独特的方法论和目标，使其从创立开始就形成了自己的鲜明的理论特色。

第一，新实证主义反对黑格尔主义化的马克思主义。众所周知，苏俄辩证唯物主义者认为马克思是在批判地继承黑格尔辩证法的基础上，创立了自己独具特色的辩证唯物主义。同样，作为西方马克思主义奠基者的卢卡奇也试图把马克思哲学黑格尔化，用黑格尔化的方式来拯救马克思的哲学，这也是为何以卢卡奇等为代表人物的早期西方马克思主义又被称作“黑格尔主义马克思主义”的原因。

然而，在新实证主义马克思主义看来，上面两种做法都是非法的。既然黑格尔代表了整个形而上学传统，如果强调马克思和黑格尔的关系，就会将马克思主义重新拉回到黑格尔哲学的框架中，玷污了它的纯洁性。因此，要维护马克思主义的科学性，就必须强调马克思和黑格尔的彻底决裂，从马克思主义中撇除一切黑格尔哲学的杂质，尤其是其辩证法。新实证主义马克思主义认为，马克思对黑格尔的辩证法进行了彻底的批判和否定，他所建构的是一种全新的“科学辩证法”，即“具体—抽象—具体”循环的假设演绎法。

第二，新实证主义反对形而上学化的人本主义。如前所说，科学主义马克思主义的重要特点之一就是反对对马克思所做的人本主义解释。结构主义马克思主义者阿尔都塞明确指出，“主体”“人”等概念都是人本主义的意识形态，而“马克思主义是理论上的反人本主义”，因此必须同一切把马克思主义人本化的做法进行坚决斗争。新实证主义马克思主义也持有类似观点，但并没有如此极端和彻底。它所反对的只是以抽象的、形而上学的方式来追寻人本主义。譬如它认为，卢卡奇以黑格尔思辨的主客同一为基础宣扬空洞的人本主义，阉割了马克思哲学中科学性的一面，因此必须予以反思。

第三，主张恢复马克思的历史决定论，强调历史唯物主义是一门具有科学精确性和预见性的学科。新实证主义马克思主义在拒绝抽象的人本主义的基础上，也反对将人的本质等问题作为马克思主义历史学科的奠基。他们认为，一旦人们从抽象的人的本质概念来演绎人的真实历史，他们就已经将真实的历史偷换为历史概念，将历史科学转换为历史哲学，其科学性便会荡然无存。

第四，新实证主义强调以科学精神对待马克思主义的著作，扎实研究马克思主义。认为必须要通过认真的阅读来把握马克思主义原著的精髓，避免受其他马克思主义者的解释的影响，应当回归文本，忠实于文本。

二、新实证主义马克思主义主要代表人物及其思想

（一）德拉-沃尔佩的生平和著述

加尔瓦诺·德拉-沃尔佩（Galvano Della-Volpe，1895～1968），意大利德拉-沃尔佩学派创始人，新实证主义马克思主义的代表人物。

德拉-沃尔佩出生于意大利伊莫拉城的一个没落贵族家庭，在第一次世界大战中应征入伍，担任过意军的下级军官。1920 年在波伦亚大学毕业后，在本地一所高级中学教授历史和哲学，1929 年回到波伦亚大学任现代哲学史讲师。经过几次竞争后，他于 1938 年获得墨西拿大学教育系哲学史教授的职位，这一时期他对墨索里尼的法西斯政权采取妥协态度。德拉-沃尔佩早年的研究焦点是贝奈戴托·克罗齐（Bendetto Croce）大卫·休谟（David Hume）的思想，40 年代起开始深入研究卢梭，并由此开始对马克思的政治思想和哲学思想产生浓厚兴趣。

德拉-沃尔佩在 1944 年加入意大利共产党，成为一名马克思主义者。这一时期，他致力于对马克思早期著作的翻译和研究，并且开启了他对马克思主义的独特研究思路。在 1950 年出版的《作为

一门实证科学的逻辑》一书中,德拉-沃尔佩将马克思的哲学追溯到休谟、伽利略和亚里士多德,否认马克思和黑格尔的思想联系。该书的出版意味着新实证主义马克思主义的理论基础的奠定,但是在当时并没有产生太大影响。

1956年苏共二十大和“匈牙利事件”之后,意共知识分子中出现了疏远和脱离政治的趋势,大部分知识分子退党。德拉-沃尔佩是少数坚持留在意共党内的学者之一,在意共的主要文化刊物《社会》杂志编辑部工作。正是以此刊物为中心,在德拉-沃尔佩周围凝聚起一批青年学者,形成了颇负盛名的“德拉-沃尔佩学派”。然而,随着刊物观点愈发激进,意共在1962年解散了这一杂志,德拉-沃尔佩的政治热情减退,从此开始潜心于理论研究。

德拉-沃尔佩笔耕不辍,其代表作品包括《逻辑批判原理》《浪漫主义美学的批判危机》《作为一门实证科学的逻辑》《卢梭和马克思》《趣味批判》《论辩证法》《历史辩证法的钥匙》等。其成名作《卢梭和马克思》的英译作者约翰·弗雷泽曾如此评价德拉-沃尔佩:“加尔维诺·德拉-沃尔佩(1895～1968)是战后意大利最有影响、最具独创性的马克思主义哲学家,虽然他的大部分著作仍然不被英语国家中的人们所知晓。”①

(二)德拉-沃尔佩的科学的马克思主义

1.科学辩证法

马克思与黑格尔的彻底决裂,是新实证主义马克思主义的逻辑起点。德拉-沃尔佩的一项重要理论工作,就是分析马克思辩证法作为科学形态与黑格尔辩证法的完全异质性。

---

① [意]德拉-沃尔佩:《卢梭和马克思》,赵培杰译,重庆出版社1993年版,英译者导言第1页。

德拉-沃尔佩认为，存在着两种不同的辩证法：一是“先天的辩证法”，或者叫“形而上学的辩证法”或“神秘主义辩证法”，这就是黑格尔的辩证法；另一种即是马克思所坚持的“科学的辩证法”。在他看来，用唯物主义的科学辩证法批判黑格尔唯心主义的先验辩证法，是马克思哲学革命的突出表现。他提出，马克思论述哲学方法论的两部著作是《黑格尔法哲学批判》和《1844 年经济学哲学手稿》。当多数西方马克思主义学者强调《1844 年经济学哲学手稿》的重要性时，德拉-沃尔佩反而认为《黑格尔法哲学批判》才是马克思最重要的一部著作。他说：“之所以这样说，是因为，它包含着以批判黑格尔逻辑学(通过批判伦理—法的黑格尔哲学)的形式体现出来的一种新的哲学方法的最一般的前提。通过对黑格尔的批判，马克思揭露了先验论的、唯心主义的而且一般说来思辨的辩证法的‘神秘方面’。这些神秘方面是黑格尔的基本的逻辑矛盾或实际上的(而不仅仅是形式上的)毫无意义的同语反复，它们来自这种辩证法的概念结构的类的(generic)(先验的)特征。与此同时，马克思创立了与黑格尔辩证法相对立的革命的‘科学的辩证法’。马克思在《哲学的贫困》(1847)一书中特别地诉诸这种辩证法。马克思在《〈政治经济学批判〉导言》(1857)和《政治经济学批判》(1859)中特别考察了与此相关的经济问题之后，将这种辩证法运用于《资本论》之中。”[①]德拉-沃尔佩在这段话中竭力想保持马克思辩证法的科学性，并且揭示出黑格尔辩证法的唯心主义本质，否定了马克思主义同黑格尔理论在方法上的连续性。

那么，科学的辩证法到底表现为怎样的形式？德拉-沃尔佩首先分析了《政治经济学批判》的导言中马克思提出的“科学上正确

① [意]德拉-沃尔佩：《卢梭和马克思》，赵培杰译，重庆出版社 1993 年版，第 154 页。

的辩证法”——从具体开始,从“实在的主体”出发,发展到抽象,再从抽象上升到具体——并得出结论说,“正确的方法可以表达为由具体或实在到观念的抽象,然后又回到前者去的一种圆周运动”[①]。在德拉-沃尔佩看来,“科学辩证法(主要表现在具体—抽象—具体的循环,或者物质和理性、归纳和演绎的循环)方法论意义几乎是革命性的。这也就是说,任何真正的知识都是科学,因而并不是纯粹的知识或沉思”[②]。这段引文中呈现出来的科学的辩证法,其起点和终点都是“具体”,因此作为其中间环节的“抽象”就不可能是任意的抽象,而一定表现为确定的抽象、历史的抽象,因而它必然是唯物主义的。反之,黑格尔的先验辩证法则是从思辨的观念出发,经过具体现实又返回到思辨的观念,而思辨的观念又没有对现实的特殊性做出合理的概括,因此必然导致思维的起点和终点都消散在模糊的、不确定的观念中,连真正的现实都变得模糊起来。

2.马克思的哲学是“道德的伽利略主义”

要证明马克思主义是一种科学,仅仅说明它与黑格尔的彻底决裂是不够的,还必须证明他的方法论与实证科学方法论是内在同质的。于是,德拉-沃尔佩力图从自然科学领域出发证明马克思方法的“科学性”。如其所言:“现在摆在我们面前的任务就是从自然科学的方法论来寻求对同质—异质的同一性原则的证明。在这种同一性中表达的是理性和物质的功能相互作用或循环。换句话说,这种相互作用的循环本质上就是演绎与归纳、观念-假设与事实、规律与现象、原因与结果之间的循环。”[③]在德拉-沃尔佩看来,能够实现这种循环和统一的只有伽利略的实验方法。所以,当下

① [意]德拉-沃尔佩:《卢梭和马克思》,赵培杰译,重庆出版社 1993 年版,第 188 页。
② [意]德拉-沃尔佩:《卢梭和马克思》,赵培杰译,重庆出版社 1993 年版,第 197 页。
③ Della Volpe, *Logic as a Positive Science*, NLB, 1980, p. 163.

的任务就是证明马克思的方法与伽利略的实践方法是内在同构的。

德拉-沃尔佩先是总结出伽利略实验的科学方法的图式，即事实—假设—(经过实验的)事实。具体来说，首先要研究事实材料，形成一定的假设，然后将这种假设付诸实验，回归到事情本身来检验假设的真假，从而不断推动理论自身的发展。这种方法的实质在于，通过实验方法将经验与观念有机统一起来，既扬弃了黑格尔先验辩证法的弊端，又清除了纯粹经验主义事实堆积的恶习，具有严格的唯物主义精神。在此基础上，德拉-沃尔佩认为，马克思的理论就是沿着这一思路进行的，这在《〈1857～1858 年经济学手稿〉导言》中得到完美的表述："正确的方法应被描述为从具体到抽象然后再回到具体的一种循环运动，描述为抽象(此处)经济范畴之间的一种不断的、持续的历史演化。"[①]这就是具体—抽象—具体的方法论循环。

但是，这里需要进一步说明的是，马克思依据现实情况给出的假设如何得到验证？在伽利略那里，实验机制是验证的关键手段，但是自然科学的可重复性验证在社会科学领域是不适合的。还有，马克思可以通过怎样的途径实现从抽象到具体的回归？对此，德拉-沃尔佩指出，马克思在《关于费尔巴哈的提纲》的第二条为我们提供了回归的机制，即实践。在实践中只有理论或者真理才能被确认和证实。由此出发，德拉-沃尔佩认为马克思与伽利略在方法上是完全一致的，因此马克思的理论是科学理论。

当然，德拉-沃尔佩的这种将伽利略的方法论图式生硬地套用到马克思理论上以证实后者之科学性的做法难以为人所信服。阿

---

① Galvano Della Volpe, *Rousseau and Marx*, Lawrence and Wishart, 1978, p. 132.

尔都塞对这种观点极其不满，认为如果历史真的像德拉-沃尔佩所指出的那样，是一种实验实践模式，那么，一切实践都将是黑暗的。虽然德拉-沃尔佩的初衷是好的，但是在实际操作过程中却完全扭曲了马克思哲学的真实意义。

第四章　国外马克思主义的新发展：20 世纪 70 年代之后

第一节　后马克思主义概述

一、后马克思主义的内涵

谈论"后马克思主义"(Post-Marxism)，遇到的第一个问题就是如何界定后马克思主义。目前国内对后马克思主义概念的研究和理解已经出现了分歧。国内有的学者提出了后马克思主义思潮、晚期马克思主义和后现代马克思主义的三个范畴，并以此来框定后马克思主义理解中出现的不同视角和派别。[①] 其他研究者则提出了不同划分和看法。我们认为，在研究伊始，对这一派别做一次概要的划分很有必要。但重要的是找到后马克思主义区别于西方马克思主义等派别的根本特征，进而廓清后马克思主义的理论本质，并展开进一步的深入研究。基于此，我们倾向于对后马克思

---

① 张一兵：《后马克思思潮不是马克思主义》，《南京大学学报》2003 年第 2 期。

主义做一简单划分，即从广义和狭义这两个视角来划分后马克思主义。

首先，先谈广义上的划分。我们认为，广义上的后马克思主义主要指的是建立在西方后结构主义或解构哲学基础之上，对马克思主义进行分析批判和研究的最新的西方哲学社会思潮，它包括国内学者多已熟悉的西方哲学家米歇尔·福柯(Michel Foucalt)、雅克·德里达(Jacques Derrida)、让·鲍德里亚(Jean Baudrillard)和让-弗朗索瓦·利奥塔(Jean-Francois Lyotard)等。这些学者对马克思主义学说的批判解构有余而建构不足。也就是说，他们主要是立足于解构主义和后现代的立场，对传统的马克思主义概念及其理论进行批判分析，这一点在德里达、鲍德里亚和利奥塔那里表现得最为典型。如德里达的解构哲学及其方法旨在彻底摧毁传统形而上学的根基，因此，传统的马克思主义及其方法自然也包括在其解构和摧毁之列；法国哲学家和社会学家鲍德里亚在其早期还试图沿着西方马克思主义的道路发展马克思主义，但到了20世纪70年代中期之后，他在《生产之镜》一书中，试图从“符号交换”和“象征价值”视角来动摇马克思哲学的根基，尤其是马克思的“生产方式”概念及其唯物主义的理论。利奥塔更是非常典型的一个“后现代论”者，他对宏大叙述和传统形而上学本质主义的攻击已众所周知。然而，对于如何发展马克思主义，这些解构哲学家并没有给出什么明确的具体方向，也没有进行任何学术上的努力和建构。

把广义上的后马克思主义奠基于后结构主义的基础之上，当然主要是从学理和逻辑上进行的划分，这也就是为什么后马克思主义被称为“Post Marxism”而非“After-Marxism”的原因。像英国学者大卫·麦克莱伦(David Mclellan)所著的《马克思之后的马克思主义》显然是从时间上对马克思主义进行的追踪研究，其明显是在“after”而非“post”的意义上之所为。另一方面，对后马克思主义所进行的这一逻辑划分，并不说明在时间上对“后马克思主义”这一左派思潮就没有限定。我们认为，这一思潮大致起始于20世纪60年代。法国1968年的“五月风暴”标志着广义上后马克思主义的诞生。“五月风暴”也是划分西方各种思潮的重要分界线。显然，对后马克思主义的这一广义界定，虽然名为“广义”，但其实已经把当代西方的某些左派思潮排除在外了，如著名的法兰克福学派，特别是尤尔根·哈贝马斯的哲学思想。因为无论从哪一角度看，哈贝马斯都并不赞同德里达等学者的解构哲学，而是主张他的“交往理性”等新理性哲学思想。因此，尽管哈贝马斯试图建构和发展自己所谓的马克思的历史唯物主义，而且还专门著述《重建历史唯物主义》一书，但由于其思想与解构哲学思潮格格不入，自然也就不应该被划入广义上的后马克思主义之列。应该说，对后马克思主义的这一广义上的划分，与国内学者提出的“后马克思主义思潮”这一概念，在具体的规定和外延方面相当接近，但我们并不主张在“后马克思主义”这一概念之外产生更多的概念，以免产生不必要的误解和理解上的困难。当然，我们也不同意国内有些学者把哈贝马斯或保罗·利科(Paul Ricoeur)这样的解释学家划入后马克思主义之列，因为如果这样，后马克思主义的外延就显得太大，成了什么都可以“装”“填”的“大口袋”。[①]

其次，我们谈一下“狭义”角度的划分。应当说，狭义上的后马克思主义的规定是非常明确的，它是由英国著名学者厄尼斯特·拉克劳(Ernesto Laclau)、尚塔尔·墨菲(Chantal Mouffe)于1985

① 参见曾枝盛：《后马克思主义思潮评介》，《教学与研究》2002年第2期。

年出版的《领导权与社会主义的策略》中率先正式提出，并逐渐扩展到其他领域的一种理论思潮。在该书中，拉克劳、墨菲通过对“霸权”(hegemony)问题的谱系学考察，试图在批判传统马克思主义的基础上重新建构“多元、激进、民主”的左翼政治理论，并正式把他们对马克思主义的这一新“发展”命名为后马克思主义。因此，从这一意义上讲，狭义上的后马克思主义就是由拉克劳、墨菲二人在20世纪80年代的新形势下所开创的左翼激进理论思潮及其延伸，包括在2000年之后拉克劳、墨菲、雷克斯·巴特勒(Rex Butler)与斯拉沃热·齐泽克(Slavoj Zizek)等学者的争论。所有这些与后现代思潮相关，但致力于从左翼思潮的不同视角重新建构马克思主义的努力和尝试，都应该被视为狭义上的后马克思主义。

后马克思主义这一概念甫一提出，其概念及其理论属性就引起了广泛的争论，并逐渐超出哲学和政治领域，开始向其他领域扩展和渗透，形成了一场有关后马克思主义的概念之争。大卫·福格斯(David Forgacs)于1985年在《今日马克思主义》杂志上撰文，对拉克劳、墨菲的观点基本上持肯定立场，但他认为，其最大的问题是如何把他们书中的理论成功地与社会实践相结合。但对拉克劳、墨菲持激烈反对的也大有人在。1987年，英国的《新左派评论》杂志在其第163期上刊登了有关诺曼·格拉斯(Norman Geras)的后马克思主义的长文，对拉克劳、墨菲的后马克思主义观点进行了猛烈的抨击和批评。格拉斯主要是从传统马克思主义的立场对拉克劳、墨菲进行批判的。他认为拉克劳、墨菲的所谓后马克思主义根本不是在发展传统的马克思主义，也不是什么后马克思主义，而是完全背离了马克思主义，因而其根本就不是马克思主义。针对这一批评，拉克劳、墨菲同年在《新左派评论》第166期以《无怨无悔的后马克思主义》为题目回应了格拉斯的激烈批评。他们坚持认为他们是在发展马克思主义，主张应当把马克思主义作为"理论"来发展，而不应当将之当作宗教教条，绝不能像格拉斯那样一味地抱着传统马克思主义的论点及其结论不放。他们认为，当下工人阶级作为革命主体的身份已经发生了很大的变化，社会主义国家面对着多变的世界格局和新的形势，工人阶级也必须改变其原有的策略，肩负起"民主"的重任，并在社会主义的斗争中注意"霸权"的策略，等等。20世纪80年代末的这一争论，深化了后马克思主义的研究。之后，拉克劳又在1990年出版的《我们时代革命新反思》一书中，就《策略》杂志提出的有关后马克思主义问题，做了详细的阐述和回答。然而，回头来看，我们不得不说，1985年前后围绕着后马克思主义的性质之争只是一种稍显"粗糙"的争论。这一争论仍然受限于传统哲学的"唯物主义"与"唯心主义"的性质之争。而21世纪之初发生于巴特勒、齐泽克与拉克劳三人之间的争论则明显地把后马克思主义的问题之争提升到了另一个更高的"档次"。在《偶然性、霸权与普遍性》一书中，他们三人分别从各自不同视角(女权主义、黑格尔主义和精神分析)对偶然性、霸权和普遍性展开了争论，将后马克思主义有关偶然性与必然性、普遍性与特殊性、解构与建构、现代政治与后现代政治、后现代主义与反后现代主义等诸多社会问题推到了社会的前沿，并使传统哲学有关普遍性与偶然性这一古老问题在后马克思主义和政治哲学的视域下被重新激活起来，获得了新的生机。这一点应当引起我们的关注。在某种程度上，我们可以说，后马克思主义的问题之争，已经跃出自己的理论视域，触及了传统哲学的形而上学和本体论的古老问题，并对这些古老问题在新的视域下提出了新挑战。

总之，围绕着后马克思主义这一概念及其理论属性的争论，已经远远地超出了争论本身，并在理论上提出了很多问题，诸如后马克思主义与原来的西方马克思主义理论的关系问题、后马克思主义与后现代主义思潮的关系问题、后马克思主义与国外马克思主义的关系问题，以及后马克思主义与后马克思主义思潮和晚期马克思主义等概念的区分。这些问题都非常重要，需要国内学界加以认真的研究和探讨。当然，我们也不希望陷入纯粹的“概念”之争，而是希望在廓清后马克思主义的基本概念范围和理论特征后，能迅速地进入具体的深入的理论研究。

二、后马克思主义的理论建构

首先，从理论内容和历史渊源来考察，后马克思主义是在西方马克思主义者葛兰西和阿尔都塞的思想基础之上建构的、以“霸权”（或译为“领导权”）理论为核心的左翼激进政治学说。后马克思主义的代表人物墨菲本人就是阿尔都塞的学生，所以，其理论与阿尔都塞的关系是不言自明的。应当说，阿尔都塞的结构主义学说特别是其有关资本主义社会的“意识形态”及其结构理论的研究，对拉克劳、墨菲的后马克思主义有着非常重要的影响。作为结构主义马克思主义的代表，阿尔都塞强调马克思思想发展中“科学”与“意识形态”的区别，并认为早期的马克思思想是不成熟的，属于“意识形态”的领域，而后期的著作则代表了马克思成熟期的思想，属于“科学”的领域；然而，其结构主义方法却将意识形态放在至高无上的决定位置，导致个体的人的能动选择、反抗作用完全被抹去。拉克劳、墨菲感兴趣的是阿尔都塞对有关资本主义社会中无产阶级革命的自觉“意识”及其结构思想的研究。阿尔都塞的这一思想与西方马克思主义的鼻祖卢卡奇《历史与阶级意识》中所提出的“阶级意识”，以及葛兰西的“市民社会”理论有着理论上的渊源关系。它对理解拉克劳、墨菲在《霸权与社会主义的策略》书中有关“阶级”和“革命”的理论分析及其思想有着重要意义。

西方马克思主义的另一个重要人物葛兰西的政治学说对拉克劳、墨菲的影响则更大。因为《霸权与社会主义的策略》一书中的核心概念“霸权”就直接来源于葛兰西。葛兰西在其著名的《狱中札记》中对社会主义并没有在西方国家取得胜利进行了深刻的理论反省，并得出了其根本的原因在于西方资本主义国家中存在着不同于东方落后国家的“市民社会”的结构，他认为，在资本主义社会里，资产阶级成功地利用文化霸权，而不是仅仅依赖军队、法庭和监狱等暴力机构来维持其统治。所谓文化霸权并非通常理解的支配阶级压迫和从属阶级反抗的单一关系，文化霸权是个不断变动的斗争过程，是支配者与反支配者之间力量的较量。在这场文化能力的角斗中，既有主导阶级的支配、统治和从属阶级反支配、反统治，同时还存在不同阶级为了换取其他阶级、阶层的支持与信任而做出的妥协与让步。循此思路，拉克劳、墨菲对马克思学说中的“霸权”概念进行了系统的解构。为了创立一种不同于传统马克思主义的激进政治学说，他们抛弃了传统马克思主义的主要方法和理论立场，从“霸权”这一核心概念出发来建构自己的政治学说。在《霸权与社会主义的策略》一书中，他们对第二国际以来的霸权思想演变进行了谱系学的考察，并对传统马克思主义的无产阶级革命等理论进行了批判；在此基础上，他们通过重新确立阶级构成、主体身份和主体行为，并引入认同和差异逻辑形成了自己的一套后马克思主义话语理论。他们的考察结果表明：社会的日益分化和分裂说明了马克思主义中有关工人阶级的统一性的观点是难以成立的，但“霸权”范畴仍然是马克思主义学说中与本质主义逻辑具有内在关联的范畴，是一个还未被完全彻底打碎的核心范畴。正是霸权范畴，才使工人阶级得以本体化为一种真实的具有普遍性的主体。然而，由于时代的发展，工人阶级作为主体的时代已经彻底消失了。马克思那种建立在某种普遍性之上的必然逻辑也已经失去了其存在的土壤，取而代之的是一种偶然性逻辑，一种在不同的境遇中，在差异逻辑中取得认同的非普遍性的主体身份。

拉克劳、墨菲认为，马克思主义的基本范畴及其理论建立在本质主义的基础之上，因此他们要运用后结构主义的方法加以解构。他们认为当下至为关键的是要重新整合葛兰西的“霸权”理论，使“霸权”范畴脱去其本质主义的枷锁，并建立于后现代社会的多元、复杂的基础之上，从而为实现其激进民主的政治构想创造理论条件。因此，霸权是与后结构主义的话语理论及偶然性逻辑联系在一起的。所以，为构建以“霸权”为核心的政治哲学理论，拉克劳、墨菲就提出以“链接”(articulation)为基础的后马克思主义的话语理论，完善了后马克思主义的理论建构。

其次，在方法论上，后马克思主义具有自己独特的方法论特征：那就是围绕着“霸权”范畴所进行的解构和建构并举的方法。这一特征是广义上的后马克思主义所不具备的，也是在此之前的西方马克思主义所没有的。这一特征涉及两个重要的方面：一是必须在后结构主义的基础之上对传统的马克思主义思想进行系统的解构；二是并不能像后结构主义那样，只是进行“破坏性”的解构工作，而应当从事“建设性”的工作，以避免陷入相对主义的泥沼。因此，从这两个特征看，拉克劳、墨菲为他们自己的后马克思主义在方法论上提出了更高的理论要求。他们的这一努力，无论结果如何，还是应当得到肯定的。

为了构建后马克思主义的理论大厦，他们综合了现象学、维特根斯坦的后分析哲学和后结构主义等理论方法。拉克劳表示：“有三个来源激发我的灵感：现象学、后分析哲学以及其他总体上被称为后结构主义的思潮。”[①]这一研究方法上的综合，是它区别于原来的西方马克思主义的重要特征之一。因为思想方法上的革新，本身就可能包含着理论上的创新。对于这一方法论上的特征，拉克劳在《我们时代革命的新反思》一书中做了详细的回答。

然而，如若仔细考究，对后马克思主义影响至深的还有其他思想家，如德里达和福柯这些有其话语理论的后结构主义者。拉克劳、墨菲抛弃了传统的“宏大”叙述理论，认为社会是按照“链接”原则而非传统的必然性的逻辑所形成的一个非稳定的话语差异系统。社会的政治认同并不是在一个封闭的结构之内，而是在一个开放的、非稳定的、具有偶然性的解释过程中。这就是他们把后结构主义的观点和方法应用于其社会分析的典型表现。但是，与后结构主义不同的是，拉克劳、墨菲并不只是进行解构性的破坏工作，认为社会完全是破碎的、断裂的；相反，他们认为其所要建构的社会应该具有相对的稳定性。但这一稳定性应该建立在“民主、多元和开放”的氛围之下，而这一氛围也就是他们所谓的“民主社会主义”得以实现的土壤。因此，社会主义、激进民主就构成了后马克思主义激进政治的两个基本内容。其实，如果做一个简单的对比，那么，我们可以粗略地说，拉克劳、墨菲的后马克思主义的重建，与哈贝马斯对现代交往理性的重建有着某些类似和相通之处。哈贝马斯通过对传统“工具理性”的批判，试图把他的现代理性建立在“理想话语交往”的基础之上；同样，拉克劳、墨菲通过对传统马克思主义的批判，也试图把其后马克思主义理论建立在理想的多元的政治认同的话语理论之上，只是双方建构的哲学基础不同而已。

---

① [英]恩斯特·拉克劳：《我们时代革命的新反思》，孔明安、刘振怡译，黑龙江人民出版社2006年版，第256页。

第二节 分析马克思主义

一、分析马克思主义的形成和发展

（一）分析马克思主义形成的背景

从时代背景看，20 世纪 70 年代初期，资本主义世界爆发了战后最严重的经济危机，社会内在矛盾以激化的形式表现出来。与此相应，西方的马克思主义研究也出现了一些新情况，以“文化批判”为思想核心的传统马克思主义研究学派（主要是指法兰克福学派）由于空谈哲学、无力解决社会实际问题而逐渐衰落下去，关注社会政治、经济等现实问题研究的思潮逐渐兴起，英美地区的马克思主义“左派学院”在这种背景下诞生，并很快成为西方马克思主义研究中的主流思潮之一。新兴的分析马克思主义学派正是英美地区注重分析的哲学传统与马克思主义政治、经济理论研究相结合的产物，因而也是在更深层次上对上述社会思潮的反映。

从理论背景看，分析马克思主义的产生深受分析哲学的方法影响。分析哲学是 20 世纪初兴起的关注语言问题的现代西方哲学思潮，它实际上是西方哲学认识论的经验主义传统与现代科学方法和现代逻辑相结合的产物。分析哲学兴起后，很快成为英美地区占主导地位的哲学研究方式。分析哲学家不研究世界本原等这类形而上学问题，而是把语言的意义分析当作哲学的基本问题，他们普遍重视分析方法，重视经验的、实证的或者纯逻辑的意义，追求哲学理论的精确性和明晰性。分析活动的特点就是注意每一个部分和理性思考的细节的清楚明白，强调细节、强调阐释的明晰性及论证的严密性是分析哲学最有特色的地方。20 世纪 60 年代以前,分析哲学强调方法的重要性,但是对政治、经济、社会历史等问题关心较少。60年代以后,分析哲学出现了“应用的转向”,开始关心理论内容和现实生活。正是在这种背景下,产生了运用分析哲学方法去分析马克思主义基本理论的分析马克思主义。

当然,分析马克思主义所运用的方法不仅包括分析哲学的元方法,而且还包括当代西方哲学和社会科学中的那些使表述更精确、论证更严谨的具体方法,如博弈论、线性规划理论、结构方程模式、程式逻辑等。

(二)分析马克思主义的创立

1978年,时任英国伦敦大学哲学系教授的柯亨(G. A. Cohen,1941～)出版了他的成名作《卡尔·马克思的历史理论:一种辩护》,此书被公认为是分析马克思主义的开山之作。在这本书中,柯亨第一次把分析哲学的方法运用到历史唯物主义的研究之中,使其具有清晰性和明晰性的标准。柯亨的著作很快引起了强烈反响,受到了普遍赞誉,尽管存在不少异议,但许多人都认为,它标志着马克思主义研究的精确性和清晰性成为重要的学术标准,是一个新的里程碑。柯亨的研究主要围绕着历史理论展开,其代表作还有《生产力和生产关系》等。

除柯亨之外,分析马克思主义的主要代表人物还有美国芝加哥大学政治学教授乔恩·埃尔斯特(Jon Elster,1940～)和美国加州大学经济学教授约翰·罗默(John Roemer,1945～)。罗默教授主要的研究领域是经济学,为“分析马克思主义经济学派”的主要代表人物长于运用数理分析,其代表作为《马克思经济理论的分析基础》和《剥削与阶级的一般理论》。

埃尔斯特教授大量运用理性选择理论方法说明阶级划分和异化等问题,其代表作是1985年出版的《理解马克思》,1986年出版的《卡尔·马克思导论》等。此外，美国威斯康星大学社会学教授埃里克·奥林·赖特(Erik Oln Wright，1947～)、比利时卢万科学哲学研究中心研究员菲利普·范帕里斯(Philippe Van Parijs)等也是分析马克思主义的主要代表人物。

1979年，埃尔斯特发起创立了一个“志趣相投的探索者”小组，在伦敦召开了第一次会议，讨论了当时马克思主义研究中的一系列问题。此后这种集会每年召开一次，来自不同国家的分析马克思主义者互相切磋在用分析方法研究马克思主义理论过程中遇到的问题，由此，分析马克思主义逐渐成为自觉的学术组织。1985年，这个学术团体隆重推出了《马克思主义与社会理论研究丛书》，1986年又出版了论文集《分析马克思主义》，从此日益为世人所关注。

20世纪90年代以前，分析马克思主义讨论的主要问题包括传统马克思主义的经验理论及规范理论等，进入90年代以后，分析马克思主义进一步往市场社会主义方向发展。尽管如此，分析马克思主义的特征是运用不同的分析方法“争论”，而不是形成统一的理论。正如韦尔所强调的：分析马克思主义是个现象而非一个学派，或者最多只能说是一种风格独特的研究路径。[①] 分析马克思主义者认为，旧的西方马克思主义研究对马克思主义做了过多的错误补充和肢解，却缺乏耐心细致的分析和有条理的解释，使人难以公正地考察马克思的原本思想；与此相反，分析马克思主义的目标是运用精确而严谨的分析方法使马克思主义成为真正站得住脚的理论。但是，不同的分析马克思主义者的著述在内容上很少有

① 参见[加]罗伯特·韦尔、凯·尼尔森编：《分析马克思主义新论》，鲁克俭等译，中国人民大学出版社2002年版，第4～5页。

共同点，在实践中，每个分析马克思主义者的主张都会受到其他分析马克思主义者的挑战。因此，分析马克思主义不是以独特而又统一的理论体系和理论观点而区别于其他学派。将不同论者联系在一起的是用分析的方法研究马克思主义理论，这是分析马克思主义的最大特色。

二、分析马克思主义对市场社会主义的新探索

20世纪90年代，苏联解体、东欧剧变后，社会主义事业遭遇了前所未有的挫折。分析马克思主义者对苏联、东欧社会主义失败进行了反思，对市场社会主义理论进行了新的探索。

(一)对社会主义的再认识

苏联解体、东欧剧变后，尽管社会主义事业遭遇到前所未有的挫折，但大多数分析马克思主义者仍然相信共产主义，如罗默指出："很多人误以为共产主义灭亡了，而他们所说的共产主义是我在这里所指那种在苏联和其他地方实行的行政配置和政治专制的制度，在他们看来，这种共产主义的灭亡就意味着社会主义的灭亡，意味着平等主义的社会的灭亡。这种推论显然是错误的。"[①]韦尔认为："我相信至少有一个条件可以保证马克思主义目标的实现——尽管共产主义目标的实现可能有很多名义——那就是资本主义的罪恶。"[②]一些分析马克思主义者基于平等、公正、正义理念，将研究转向对社会主义的更深入理解，并形成了自己的见解。其中以罗默教授的平等主义的社会主义最为著名。

---

① 段忠桥编译:《社会主义及其未来——约翰·罗默访谈录》,《马克思主义与现实》2002年第1期。

② [加]罗伯特·韦尔、凯·尼尔森编:《分析马克思主义新论》,中国人民大学出版社2002年版,第414页。

1994年，罗默出版了《社会主义的未来》。在该书中，他首先把社会主义定义为一种“平等主义”，认为社会主义者需要的是自我实现及福利、政治影响、社会地位三个方面的机会平等。在普遍的意义上，机会平等就是要求对那些由于自身无法控制的因素引起不利条件的人给予补偿，因为这些不利条件不是由于这些人自身造成的，而是由他们无法控制的因素造成的。社会主义的目的就是实现这三种平等，至于采取哪种类型的生产资料所有制形式只是实现社会主义目的的手段问题。从社会主义是一种平等主义出发，罗默批评了把社会主义同公有制联系起来的观点。他认为，既然社会主义的目标是实现平等，那对所有制形式的选择就完全是一个手段问题，因此，公有制对社会主义制度而言就不是必不可少的，其他所有制形式，如非营利企业、有限责任公司、合作企业、公有企业、社会-民主财产、社会-共和体财产等可能更能促进社会主义的目标。

罗默进一步研究了当代平等主义的正义理论问题。他指出，马克思指责资本主义非正义是基于资本原始积累是以不道德的方式进行的这一事实，那么以比尔·盖茨的方式进行的资本的私人积累的制度是否也是非正义的呢？对此罗默认为，即便所有的资本都是通过辛苦劳动积累的，资本主义也是非正义的。正义要求机会的平等，资本主义的不公正在于它没能为人们提供平等的机会。只要允许个人拥有大量的生产财富，那么，正义就不能实现。

罗默的平等理论同样受到其他分析马克思主义者的质疑。克里斯蒂认为罗默的理论形式过于精细，难以解释现实的真实世界。[①] 此外，效用的严格平等实际是不可能实现的，最终只能建立

① 参见周穗明等：《20世纪末西方新马克主义》，学习出版社2008年版，第167页。

一个灰色的毫无生机的缺乏创造力和多样性的世界。

(二)对市场的重新认识和市场社会主义理论

市场社会主义理论是一种试图将生产资料公有制与市场机制结合起来以实现社会主义的理论。柯亨认为,传统的社会主义反对市场有四个理由:一是市场效率低,二是市场无政府,三是市场不公正,四是市场靠个人动机运转,不是为人本身,而是为了钱。[①]柯亨不同意前两个批评,但认为后两个批评有一定道理。从第一点看,市场无效率是指它的资源分配与收入分配之间存在着冲突,生产的无计划导致了资源的大量浪费。这实质上是一种误解,他们没有看到市场在组织生产时在获得信息方面所具有的特有能力,而且人们在一定程度上也可以通过一定的制度来纠正市场本身的无效率。从第二点看,认为市场无政府也是不正确的,因为它把人们内在的自由与从外在实用价值方面对社会的考虑放在一起批判,是不能说明问题的。从第三点看,市场不公正主要指个人消费分配不公正,显然是不公正的,无须证明。从第四点看,市场活动的直接动机是贪婪和恐惧两种心理的混合物,贪婪使人把他人当成发财的来源,恐惧则使人把他人当作自己的威胁,这是对他人的非常可怕的看法。

有人不免会问,虽然市场有效率,但是不公平,传统的社会主义讲公平,但无效率,我们能否将二者有机结合起来呢?罗默认为,市场在混合经济中必不可少,市场可与私有制相联系,也可与公有制、工人所有制等尚未获得命名的各种混合财产权和谐共存。市场机制与社会制度性质无关,它只是一种能产生竞争的经济机制,它既可以同资本主义结合,也可以同社会主义结合。当代资本

① 参见周穗明等:《20世纪末西方新马克思主义》,学习出版社2008年版,第167~168页。

主义的经济成功并不是由于资本主义私有制，而是由于产生竞争的市场机制，而苏联东欧的失败也不应被归因于社会主义的平等目标，而是由于取消了市场，“没有市场提供的竞争——国内的和国际的——企业就没有进行革新的压力，而没有竞争的动力，革新就不会发生，至少达不到市场经济引发的那种速度”①。

罗默认为，社会主义的长远目标是实现一个更为平等的社会，而其短期目标就是向这个更为平等的社会的过渡，市场社会主义是目前唯一能够逐步接近社会主义最终目标的经济体制，市场社会主义是“实现彻底的社会主义”之前“纠正资本主义的一些弊端的过渡性阶段”②，并不是真正的科学社会主义。按照柯亨的理论，市场社会主义之所以是社会主义，是因为它克服了资本和劳动之间的对立。在市场社会主义中，不存在与资本家相对而言的工人阶级，工人们自己拥有企业。搞市场社会主义，如果不含资本主义成分，没有资本家，工人不受资本主义、贫穷、失业的危害，那么，市场社会主义就是与传统社会主义理想一致的，是真正的社会主义。但是市场社会主义也不像传统的社会主义，因为在竞争的市场契约模式中，各企业之间、各企业与它们的消费者之间成为竞争对手。与此相应，市场机制削弱了传统的社会主义模式所强调的经济平等，竞争就意味着胜利者和失败者。市场社会主义现在还没有上升到社会主义理想那个层面，有很多问题还没有解决。

那么，要如何进一步完善市场社会主义呢？这是分析马克思主义者正在研究的重点课题。他们提出了一些建议，譬如，搞市场社会主义，要保持市场充分利用信息的优点，就要以市场组织经

① [美]约翰·罗默：《社会主义的未来》，余文烈等译，重庆出版社 1997 年版，第 39 页。

② [美]约翰·罗默：《社会主义的未来》，余文烈等译，重庆出版社 1997 年版，第 1 页。

济，但同时要把市场的副作用降低到最低限度，要让人们明白有义务互相帮助，要采取措施，如可以通过税收制度重新分配不公正的收入，使其达到公正的结果，这样，生产者的直接目的虽然还是利润，但它的实际结果却是有利于社会。罗默也认为，对于劳动收入再分配来说，尽管征收所得税不是太有效的机制，但目前我们只能求助于此。同时，在市场社会主义的经济布局形式中，“包括劳动力的大部分物品通过价格体系进行分配，而由工人管理的或不是由工人管理的企业的利润则在社会人口中进行非常平等的分配”①。

此外，罗默认为，运用市场手段来执行中央计划，比用中央指令和行政分配的办法更为有效。但运用市场并非否定集中计划，而是利用它更好地完成计划。同时，他还认为，一个社会主义者必须提倡大量增加教育经费，并将经费向那些有着不利背景的人倾斜。换句话说，减少工资差异的途径是减少技术上的差异。“在我看来，如何赢得一个民主国家的公民投票以决定将大量教育资源的支出用于他们中落后的人们，是当今重大的政治问题（我还想说，更为重要的是赢得富裕国家的公民向贫穷国家再分配资源）。”②按照柯亨的理论，只有政治体制中的民主制度才能更好地与经济体制中的市场机制相配套，因为这不仅能有效地遏制在市场经济中产生的消极腐败现象，并且能使市场经济得到更健康的发展，从而使市场社会主义得到进一步的完善和发展。

---

① [美]约翰·罗默：《社会主义的未来》，余文烈等译，重庆出版社1997年版，第24页。

② 段忠桥编译：《社会主义及其未来——约翰·罗默访谈录》，《马克思主义与现实》2002年第1期。

第三节 生态学社会主义

一、生态学社会主义的发展历程与主要代表人物

(一)生态学马克思主义的兴起

20 世纪 70 年代，生态社会主义思潮首先出现于绿色运动的大本营德国。第一代生态社会主义者是最早介入绿色生态运动的社会主义左派，由东欧国家共产党内的持不同政见人士(如民主德国的巴罗和波兰的沙夫)和西方国家有社会主义倾向的左翼人士(如布克金)。这一代生态社会主义者的出现及其活动，在当时被看作是“红色”政治的“绿化”。“从红到绿”是这一代人的政治道路的典型特征，概括了 70 年代以来欧洲部分左翼从传统社会主义转向生态社会主义的过程。

巴罗、布克金、沙夫、莱易斯、阿格尔等人是第一代生态社会主义的代表人物。他们试图把“绿色”(生态运动)和“红色”(共产主义运动)两种政治力量结合起来，建立进步的、最广泛的群众联盟。鲁道夫 · 巴罗(Rudolf Bahro)，1935 年生于德国，曾为民主德国统一社会党党员，民主德国的马克思主义理论家，后因不同政见被驱逐到联邦德国，在汉诺威大学任教授，不久成为联邦德国著名的社会活动家、绿党主要理论家，20 世纪 80 年代以后成为生态运动和欧洲和平运动中欧洲左派的代表人物，被称为西方“社会主义生态运动的代言人”。巴罗的主要著作有：《东欧的选择》《社会主义、生存和方法的困惑》和《从红到绿》。在《从红到绿》一书中，巴罗在理论上主张生态人道主义和民主社会主义，谋求“绿色”和“红色”政治力量的会合，以建立一个由绿党、妇女运动、生态运动、和平运动

和一切进步的非暴力社会组织组成的广泛的群众联盟。

巴罗批判工业主义和传统的工业化生产方式，矛头不仅指向资本主义现存制度，同时也批判苏联“现实社会主义”的工业化方式。他认为，现实社会主义在理论和实践上都与工业主义和斯大林主义联系在一起，是在复制资本主义的增长模式。他还指出，在资本主义国家，工人运动结束了。传统工会旨在维护资本在稳定中的利益，无法超越资本的某种界限。必须重新创造一个为新社会的基础结构所需要的新运动。巴罗强调，在政党政治领域，他是绿色的，而非红色的。尽管在现实中巴罗不满于共产党人和社会民主党人的政策和路线，但是他并不否认自己是一个乌托邦社会主义者。他强调“文化革命”，即人的价值观念的根本转变，由此通往一个“生态村落乌托邦世界”。人们在这个生态社会共同体中自我管理，自我驾驭，自我依赖，平衡发展，团结和谐。① 巴罗是 20 世纪 70 年代从“红”到“绿”潮流的典型代表。

亚当·沙夫(Adam Schaff)，前波兰共产党意识形态负责人，马克思主义哲学家，波兰“人道主义的马克思主义”学派的代表人物。1968 年被解职后任奥地利大学客座教授、维也纳大学哲学教授，是当代国际知名的社会主义左翼学者。沙夫 1980 年任罗马俱乐部执行委员会主席，是社会主义国家的共产党人中最先介入生态运动的人士。沙夫有关生态社会主义观点的主要代表作有《微电子学与社会》(与亚历山大·京特主编)、《马克思主义在今天的意义》《需要一种新的左派》等。沙夫从马克思主义理论出发研究新技术革命的生态效应和社会后果，提出了新左派在新的历史条件下的新使命。沙夫和巴罗等人作为最早接受绿色思想的社会主

① Bahro Rudolf, *From Rool to Green*, London: Verso, 1984.

义者，为全球绿色时尚的形成打上了左翼的烙印。由此开端，社会主义、民主社会主义思想不断与绿色意识相融合，导致了生态社会主义思潮的形成。

默里·布克金(Murray Bookchin)，1921年生于英国，西欧生态运动左翼的主要代表人物，最早被冠名“生态社会主义者”的人。布克金的主要著述有《走向生态社会》《自由生态学》《绿色道路》《现代危机》《社会生态学对生态运动中“深生态学”的挑战》《保卫地球：默里·布克金和大卫·福曼的辩论》等。布克金是无政府主义者，但通常被贴上生态社会主义者的标签，属于广义的生态社会主义阵营。他倡导“生态社会”，认为这个社会将对以下论述予以充分肯定：人类这种动物在生物上被构造出来是为了与它的同类共存，是为了关怀和热爱自己在一个广泛和自由地限定的社会群体中的同类；这个社会主张激进的非中心化、参与等原则，并推翻等级制，以一个尊重每个个体和我们所赖以生存的行星的社会取而代之。

威廉·莱易斯(William Leis)，加拿大左翼学者，著名的生态学马克思主义者，生态社会主义的主要理论家之一。他早年追随法兰克福学派，后来转向现实问题的研究，代表作是《自然的统治》(1972)和《满足的极限》(1976)。莱易斯从法兰克福学派对资本主义“异化”的分析出发，批判异化消费，提出建立“稳态经济”。他认为，在稳态的社会主义经济条件下消费并不会被取消；但是人的满足最终在于生产活动而不在于消费活动。①

本·阿格尔(Ben Agger)，加拿大滑铁卢大学社会学教授，莱易斯理论观点的支持者，生态马克思主义的主要理论家之一。阿

① Leiss William, *The Domination of Nature*, New York: Braziller, 1976.

格尔的代表作是《西方马克思主义导论》，其中辟有专章论述“走向生态学马克思主义”，并认为“生态学马克思主义”是“西方马克思主义”的最新发展阶段。他从考察马克思主义危机理论的当代发展出发，提出了当代资本主义的“生态危机”论，指出资本主义的扩张动力是挥霍性工业生产的根源，是造成生态危机的根本原因。[①]他以生态危机理论补充关于资本主义国家作用形成的危机理论，揭示当代资本主义的危机趋势。

莱易斯和阿格尔均把生态危机的根源归结于资本主义制度本身。莱易斯认为，以私有制为基础的资本主义生产扩张的动力是追逐利润，资本家之间为争夺有利的产销条件而进行的竞争必然会造成生产的无政府状态，而无政府状态必然造成生态危机。阿格尔指出，当代垄断资本主义已导致“过度生产”和“过度消费”，这延缓了经济危机，但造成了生态危机。资本主义在过去的150年间对环境造成的破坏超过了以往任何社会。发达资本主义国家不仅在过去的发展上欠下了生态巨债，而且直到今天仍以世界人口少数消耗着75%以上商业能源和80%以上的原料，并在第三世界推行“生态殖民主义”，通过转移污染严重的工业进行新的“生态犯罪”。[②]

(二)20世纪80年代生态社会主义的兴盛

20世纪80年代是生态运动也是生态社会主义发展的鼎盛时期。德国绿党率先公开打出“生态社会主义”的旗号，澳大利亚共产党第一个提出了“红绿联盟”的纲领。生态社会主义思潮在短时

---

① Agger Ben, *Western Marxism-An Introduction*, Santa Monica California: Goodyear Publishing Company, Inc, 1979, pp. 499-509.

② Agger Ben, *Western Marxism-An Introduction*, Santa Monica California: Goodyear Publishing Company, Inc, 1979, pp. 499-509.

间内风行欧洲，呈现出“红绿交融”的景观。

这一时期、生态社会主义从运动到理论均沿着两个方向发展：一方面，绿党中出现激进的社会主义左派。许多原来的共产党人、社会民主党人、左翼人士纷纷转入绿党阵营。绿党中的激进左派，基本上是由那些脱离各种共产主义团体后进入绿党的人组成。如原汉堡“共产主义联盟”的盟员进入绿党后，独自联合成一个派别。另一方面，共产党、社会民主党也从最初对绿党的拒斥转向谋求与绿党结盟。他们不仅仅局限于对个别红色阵营人士的“绿化”，而是在政党政治的层面上也谋求红色与绿色的联盟。社会主义左派加入绿色生态运动，红色社会主义运动与绿色生态运动相互结合，致使 20 世纪 80 年代世界范围的反战、反核、和平、裁军和环境保护等运动显现出空前的规模，这些运动动员了广泛的社会阶层，形成了对现行体制的空前挑战。“红绿交融”是生态社会主义第二个发展时期的典型特点。这一时期除了第一代生态社会主义者沙夫、巴罗等人依旧活跃之外，威廉斯、奥康纳、高兹等人也纷纷崭露头角。其中最有理论建树的当属高兹。

安德烈·高兹(Andre Gorz)，1924 年生于奥地利，1948 年后移居法国，曾为法国左翼刊物《新观察》杂志的创始人和主要撰稿人，当代西欧最重要的社会主义理论家之一。高兹的著作有《作为政治学的生态学》《叛徒》《告别工人阶级》《天堂之路》《经济理性批判》和《资本主义、社会主义生态学》等。高兹信仰“生态乌托邦”理想，认为可以运用高技术方式解决一些世界性的污染问题。他集中论述了资本主义、社会主义与生态学的关系，阐述了他对社会主义的未来和生态社会主义发展道路的基本看法。

首先，高兹认为，苏联的失败不是社会主义的失败，而是“权威性的”社会主义概念的崩溃。传统社会主义的真正危机在于历史和技术的变化，支撑社会主义的社会力量和“历史主体”工人阶级已经消失。在今天，劳动已经改变，“劳动者”也已经改变。由于对劳动的文化态度正在发生改变，社会主义的目标必须扩展到自主的人的活动领域，增强个体自我实现的可能性。在这种情况下，社会主义应当使一切劳动成为一种创造性的、完满的活动。其次，西方在冷战中的胜利不等于资本主义的胜利。资本主义没有给社会带来方向、指南、目的和希望。在资本主义条件下，经济合理性与生态合理性是互相矛盾的。资本主义是经济合理性的社会，其内在逻辑是追求利润的最大化。资本主义方向的生态现代化体现为体制内的环境主义。环境主义的约束和限制改变不了资本主义制度的基本趋势。生态重建的社会主义方向是走向生态社会主义现代化，要求经济的合理性服从于生态社会合理性，其目标是建立一个我们在其中生活得更好、但劳动和消费更少的社会。生态社会主义的现代化限制利润和市场的逻辑，凸显了社会主义的清晰意义。再次，高兹重新定义社会主义，向欧洲左派提出了与“新社会运动”结盟的建议。他认为，“反思的现代化”观念为重新定义社会主义提出了最富想象力的方式。社会主义的起源蕴藏于反叛资本主义的联盟中。由于劳动的变化，出现了从事高技术的年轻的“新中间阶级”。以“新中间阶级”为主体的“新社会运动”不自觉地攻击资本主义的经济合理性的统治。在新的社会历史条件下，社会主义左翼应与“新社会运动”的主流——生态运动结盟，与新中间阶级的“现代工人”联合起来，反对晚期资本主义。[1] 高兹的富有想象力和创造力的生态社会主义理论在西方被称为“乌托邦社会主义”。

① Gorz Andre, *Capitalism*, *Socialism*, *Ecology*, London: Verso, 1994, PP. 1-13.

詹姆斯·奥康纳(James O'Connor)，1930年出生，美国新马克思主义经济学家，主要代表作是《国家的财政危机》。奥康纳把马克思主义经济分析运用于国家财政和预算的一般范畴，对新马克思主义的经济理论和国家学说产生了重要影响。20世纪70年代中期新马克思主义国家理论的代表人物奥菲、普兰查斯、米利班德和阿格里塔等人，在理论上均得益于他。奥康纳关于财政危机和资本主义国家在20世纪下半叶作用的著述与保罗·巴兰和保罗·斯威齐合著的《垄断资本》齐名。

奥康纳在20世纪80年代开辟了其理论的生态向度，接受了生态社会主义的观点。他认为，世界资本主义自身已经为生态社会主义运动创造了条件，资本主义正在为自己掘墓。奥康纳把资本主义的生态危机，也即资本主义破坏自身的生产条件导致的自我毁灭称为资本主义的"第二矛盾"。第二矛盾能像马克思分析的第一矛盾一样引发反抗，反抗的形式是新社会运动，新社会运动聚集了超越第二矛盾的潜能。他指出，资本主义是环境危机的原因，是必须超越的地平线。

雷蒙德·威廉斯(Raymond Williams，1921～1988)，生于英国威尔士一个有工党传统的家庭，早年参加过共产党，是战后英国最有才华、最有影响的社会主义作家。他在20世纪60年代成为新左派的领袖人物，是英国文化马克思主义的主要代表人物之一。他终生研究文化与社会的关系，关注生活经历的复杂性对文化霸权的影响。他在80年代后期通过葛兰西主义接受生态社会主义思想，支持社会主义生态运动。他强调当代生态危机的严重性，把资源困境作为对整个现存资本主义生产方式的压力点，要求社会主义者抛弃通过不断扩大再生产来解决贫困的传统。他同时指出，真正的社会主义传统从不认为生产增长等于消除贫困；社会主义一贯支持平等分配，自身不存在致使生产本身出问题的起主宰作用的传统。他要求拯救社会主义政治传统中的亚方案，即非中心的、非生产至上的社会主义，进而对生产和增长进行重新评估。

威廉斯等欧洲著名的社会主义思想家得以跻身于第二代生态社会主义者的行列这一现象，客观上说明了西方社会主义思想对生态主义理念和运动的接纳和改造。社会主义者不满于现实存在的社会主义模式，试图寻求一条把马克思主义理论与生态危机理论相结合，并能吸引发达资本主义国家人民参与的生态激进主义的革命道路。

（三）20世纪90年代生态社会主义理论的体系化

20世纪90年代，生态社会主义进入第三个发展时期，其特点是绿色运动的“红化”，即社会主义化。这一时期产生了不少优秀的理论专著，生态社会主义理论在经过十几年的发展演变后，进入了系统化、完善化的阶段。其中佩珀提出的“红色绿党”概念标志着生态社会主义在理论上的成熟。

生态社会主义的新一代主要代表人物是格仑德曼、佩珀等学院派理论家。他们系统地构建并完善了生态社会主义的理论体系，总结了生态社会主义的政治特征，在理论上和政治上将自己明确区别于绿党主流，为绿色运动的“红化”进行了理论上的概括。

瑞尼尔·格仑德曼(Reiner Grundmann)，德国左翼学者、哲学家，主张以历史唯物主义为指导解决全球生态危机的根本问题。他的主要代表作是《马克思主义与生态学》，最突出的理论贡献是为马克思的“人类中心主义”正名，反对借口批判技术中心主义而否定一切形式的人类中心主义，批评了“生态马克思主义”理论中的“生态中心主义”倾向，捍卫了马克思主义关于人改造自然理论所代表的哲学理性传统。他指出，马克思批判了当代生态学叙述中出现的旧自然观。马克思主义的人类中心主义方法提供了评价生态问题的参照点，确立了判断现存生态现象的清晰尺度。马克思反对资本主义对自然的破坏和剥夺，同时也反对生态中心主义的自然崇拜；他批判资本主义的技术中心主义，也批判了非理性主义的生态基要主义。①

大卫·佩珀(David Pepper)，英国牛津布鲁克斯大学地理系主讲教师，20 世纪 90 年代生态社会主义理论的重要代表人物之一。佩珀的代表作有《现代环境主义的根源》和《生态社会主义——从深生态学到社会正义》等。佩珀的主要理论贡献在于，他清晰地勾勒了生态运动中"红色绿党"和"绿色绿党"的政治理论轮廓，深化了生态社会主义与生态主义之间关系的争论；他确立了生态社会主义在欧洲左翼思想地形图中的方位，论述了生态社会主义的基本原则和发展前景。

佩珀第一个明确地提出了"红色绿党"和"绿色绿党"的概念划分。所谓"红色绿党"，即生态运动中主张生态社会主义的派别，包括马克思主义者和社会民主主义者；所谓"绿色绿党"，即生态运动中主张生态(中心)主义的派别，包括生态基要主义者(即生态宗教激进主义者、"深绿派")和主流绿党等。佩珀为自己提出的理论任务是，"扩展和深化关于生态危机的红色立场和绿色立场之间的争论"。他认为，生态社会主义与生态主义的对立在政治上表现为社会主义和无政府主义的对立；在理论上表现为马克思主义与后现代主义的对立；在哲学文化观念上表现为人类中心主义与生态中心主义的对立。② 佩珀的政治理论立场属于马克思的"革命的社会

① Grundmann Reiner, *Marxism and Ecology*, New York: Oxford, 1991, p. 27.

② Papper David, *Eco-Socialism-From deep ecology to Social Justice*, London and New York: Routledge, 1993, pp. 204-244.

主义”,他是生态运动中的马克思主义左派。

乔治·拉比卡(George Labiac)的情况与上述两人有所不同,他也是学者出身,但属于老一代的著名左翼知识分子。拉比卡早年参加过法国共产党,后因对斯大林社会主义模式失望而脱离法共,成为法国左翼运动的主要理论家之一,曾为原法国社会科学中心主任,法国巴黎第十大学校长、教授。东欧剧变、苏联解体后,他连续发表《生态学与阶级斗争》等论文,着力研究全球生态危机与生态社会主义的关系问题,认为只有生态社会主义才能使世界真正摆脱生态危机,生态社会主义应当是生态运动与工人运动的结合,生态社会主义标志着工人运动进入了一个新阶段,即“工人运动的文化革命阶段”。[①]

约翰·贝拉米·福斯特(John Bellamy Foster)现为美国俄勒冈州大学社会学系教授,当前生态社会主义者中最坚定的马克思主义左派,主要代表作是《马克思的生态学》。福斯特深入反思了全球环境改革从1992年里约热内卢地球峰会到2002年约翰内斯堡峰会的十年进程,认为左派在环境问题上一直在退让,难以推动全球环境规则的实现。他反对用现代性、工业主义解释全球生态危机的原因,认为资本主义经济制度对加快环境恶化有着最大的影响。他认为,资本主义是一种破坏环境并使未来几代人在他们与自然界的关系上更为贫困的制度,因此是一种“高级不道德”的制度。在过去十年中,是新自由主义的市场扩张破坏了环境改革的可能性。[②] 他以《京都议定书》的失败为例说明:资本主义的过程是不可逆转的。与资本积累迅速致富的规律相比,生物圈就不那

① 参见李其庆:《法国学者拉比卡谈“生态学社会主义”》,《国外理论动态》1993年第2期。

② 参见[美]约翰·贝拉米·福斯特、[加]丹尼斯·瑟龙:《马克思主义生态学和资本主义》,刘仁胜译,《当代世界与社会主义》2005年第3期。

么重要了。在资本主义条件下，追逐利润优先于全球变暖。生态学与资本主义之间存在根本性冲突。

生态社会主义从20世纪70年代的“从红到绿”，80年代的“红绿交融”发展到当前“红色绿党”和“绿色绿党”两派的分化和重组，表明它已与生态主义在政治上和理论上划清了界限，成为一种独立的社会主义思潮。

二、20世纪90年代生态社会主义的基本观点

苏联解体和东欧剧变后，西方的马克思主义者、社会主义者在重新探讨社会主义未来的过程中，纷纷把目光投向绿色生态运动。他们试图以马克思主义社会主义改造生态运动，解救全球生态危机，把生态运动引向社会主义的方向，进而提出了“红色绿党”的概念。所谓“红色绿党”，是指主张生态社会主义的绿色运动左翼思潮，主要包括生态运动中的民主社会主义和革命的社会主义两大派别。在冷战后的实践中，西方许多社会民主党和共产党在其最新党纲中把“绿色”条款置于中心地位，“绿化”红色政党的经济纲领，并谋求在国家层面上形成“红绿联盟”。生态社会主义的新一代主要代表人物实现了生态社会主义的理论体系的完善化，全面总结并更新了生态社会主义的理论观点。

20世纪90年代以来，生态社会主义的基本理论主要围绕着生态危机的性质、生态危机的根源、克服生态危机的手段和策略以及生态运动发展的未来前景等问题展开。

（一）关于生态危机的性质

生态社会主义认为，当代生态危机不是生态主义者所承认的一般环境危机，而是全球危机。在他们看来，就其涉及的范围，当代全球生态危机已超越地区界限，是全球性的、扩及全球整个生态

系统的危机；就其性质，当代全球生态危机已危及全人类的生存基础，是全球性的经济政治社会综合危机。

拉比卡指出，生态危机是全球性的，因而生态运动也成为世界性的。污染没有国界，核泄漏事故可以造成整个地区的灾难，地球绿色的肺——热带雨林的毁灭和非洲的沙漠化同样也可以危及发达国家。“只有一个地球”，保护生态环境是全人类的共同口号和共同利益。

格仑德曼突出生态危机的广度和深度。他不同意把生态问题仅仅归结于资源耗竭和人口增长，认为生态危机是全球性的，包括物种灭绝、污染等许多全球范围的问题和人类的生存危机。格仑德曼认为，生态困境是现代社会的一个特征，它对马克思主义提出了严重挑战。然而，马克思主义内在地包含生态学思想，为分析解释当代生态危机的根源提供了思想资源。马克思在他的《资本论》中提出，一个国家越是开始它在现代工业基础上的发展，其破坏的过程越快。马克思对他所生活的时代的生态问题的解释和分析，今天仍然是卓越的和中肯的。马克思的自然概念属于培根、黑格尔、尼采的哲学理性思想线索，他基于此发展了“现代自然概念”。这种现代的自然观目前受到了攻击。原旨主义生态学拒绝马克思的观点，是向整个哲学理性历史线索发起挑战。生态中心主义从人类的一切行动都应当适应自然法则这一假设出发，拒绝人类中心主义，否定一切“控制自然”的说法。马克思认为对自然的“控制”不是生态问题的原因，生态危机只是由对待自然的“特殊的”方式所引起的。[①]

法国“人类进步基金会”认为，我们面临着三种失衡，即地球南

① Grundmam Reiner, *Marxism and Ecology*, New York: Oxford, 1991, p. 27.

北的失衡、穷人和富人的失衡以及人与自然的失衡。这三种失衡反映了三重危机，即社会与社会关系的危机、人与人关系的危机以及人与其生存环境关系的危机。三重危机产生的共同原因在于西方创造的“现代文明”。科学和市场是最好的也是最坏的东西。二者在当代世界的发展导致了价值危机。精神和伦理的破坏造成了严重的恶果，致使道德沦丧，物欲横流，腐败成风。如果听任社会从属于科学和市场，三重危机将永远无法得到解决。人类将失去对自身的控制，不能掌握自己的命运，并导致世界范围内生态环境的恶化。

法国学者米歇尔·博德(Michel Beaud)认为，资本主义现已陷入“三重危机”，即资本主义经济危机、社会危机和全球生态危机。以信息技术为代表的当代高新技术将资本主义推进到一个新阶段，市场关系的扩大使经济取得了对社会的统治地位。与此同时，资本主义市场和利润原则仍然统治一切，引发资本主义经济危机的内在矛盾仍然存在；随着经济对社会控制的不断加强，贫富差距和社会不平等不断扩大，社会危机表现突出；近几十年来经济的迅猛增长破坏了生态系统，资本主义的普遍化把资本主义的生产逻辑扩大到全球，从而使生态危机演变成全球危机。

(二)关于生态危机的根源

社会主义者强调，正是为利润而不是为需要生产的资本主义引发了环境困境，而非工业主义。佩珀指出，资本主义的原动力引发了生产过剩危机，而危机的解决要靠创造新的需求，即将这一体系扩张到全球新市场。这种生产和消费意味着，资本主义天生必定要破坏来源于自然的部分生产方式。①

生态社会主义不同意生态主义者把危机的根本原因归结到以信息、网络、基因等高技术为代表的新生产力，认为资本主义制度是全球生态危机的根源。

拉比卡指出，发达国家对不发达国家的掠夺和剥削是造成不发达国家和地区生态环境恶化的根本原因。生态殖民主义是新欧洲中心主义。生态殖民主义者为了保护本国的生态环境不惜破坏他国的生态环境，例如他们从第三世界进口木材以保存本国的森林资源，把第三世界当作垃圾场，倾倒有毒垃圾，向落后国家转移污染严重的工业，等等。发达国家虽然也叫嚷克服生态危机，但是这些国家的资本主义性质决定了它们只能解决本国或局部地区的生态危机，而不可能解决全球性的生态危机。生态危机不可能通过改良来解决，只有通过革命，消灭资本主义制度才能最终消除生态危机的社会根源。②

高兹认为，资本主义是追求经济合理性的社会，其市场经济和资本主义生产的模式是与生态合理性的要求不相容的。资本主义追逐利润的最大化和市场、消费的不断扩张，而这将破坏生活的基本要素和生活质量。生态社会主义的政治生态学不是仅限于减少现存生产体系对环境的影响，而是首先向某些技术发展、产品和消费形式背后的原因发起挑战。这些原因内在于资本主义积累的逻辑之中：增加资本投资赢利，增加消费流量。为满足这一逻辑，需要引导人的消费最大化，创造商品消费量的最大化。③

---

① 参见周穗明：《生态主义与自由主义、保守主义、社会主义和女性主义的关系》，《国外社会科学》2009 年第 3 期。

② 参见李其庆：《法国学者拉比卡谈"生态学社会主义"》，《国外理论动态》1993 年第 2 期。

③ Gorz Andre, *Capitalism*, *Socialism*, *Ecology*, London: Verso, 1994. p. 12.

佩珀认为，生态危机的原因不在于生产力的增长和人的需要的增长，而在于资本主义生产关系的过度增长。资本主义制度持续地削弱生态系统、制造社会不公是生态系统退化的根本原因。必须废除资本主义，消灭私有制，才能建立一个绿色的、公平的社会。①

（三）关于解救全球生态危机的手段和方式

生态社会主义接过生态主义的口号，也打出了非暴力原则、基层民主的旗帜。非暴力原则，亦称“甘地主义”，是在美国社会盛行的一种政治价值观念。这一原则由于印度民族解放之父甘地在反对英国殖民统治斗争中的成功实践而声名大噪。在20世纪60年代美国民权运动中，黑人民权领袖马丁·路德·金竭力倡导这一原则，并赢得了反种族隔离的民权革命的胜利。当代绿色生态运动的大多数成员（包括生态社会主义者）都信仰甘地主义。他们在群众性的反核和平运动中通过静坐示威等方式实践了这一原则。生态社会主义者同样拒绝采取任何暴力手段反对资本主义。

生态社会主义主张基层民主。它把攻击矛头指向资本主义官僚制度，也批评传统左翼运动的精英，认为这二者都强调集中制，没有彻底实行民主原则。只有通过实行分权、当地自治、分散化的经济等，才能实现人的真正的自主，也才能铲除形成全球生态危机的经济政治根源。因此，唯有基层民主才是符合社会和生态环境要求的合理的行政系统。

生态社会主义与一般生态主义在这个问题上的区别在于，生态社会主义的“基层民主”强调工人阶级和最底层劳动人民（即所

---

① Papper David, *Eco-Socialism-From deep ecology to Social Justice*, London and New York: Routledge; 1993, p. 91.

谓“草根阶级”)的利益,而不仅仅是中间阶级的利益。

(四)关于左派战胜全球生态危机应采取的策略

生态社会主义已从早期对绿党的总体拒斥,转而谋求与“绿色绿党”即生态主义者结盟。

高兹指出,社会主义起源于反叛资本主义的联盟。欧洲左派应当与“新社会运动”结盟,否则就不会有自己的未来。他认为,“新社会运动”应自觉地和具体地攻击内在于资本主义的经济合理性的统治。“新社会运动”是反技术的,直接攻击统治阶级领导层的文化权,但是它们所攻击的只是统治关系的文化僭越和社会后果,而不攻击资本主义的经济物质核心。当“新社会运动”不仅是与“现代工人”,而且是与无政治权利的、受压迫的、处境悲惨的无产阶级的当代同类,即与后工业社会的失业的无产阶级、偶尔被雇用的、短期的和半月制工人联姻之时,“新社会运动”将成为社会主义变革的承担者。①

拉比卡认为,生态社会主义是生态运动与工人运动的结合,即“绿色”与“红色”的结合。从客观上说,生态运动与工人运动的目标是一致的。它们的矛头都指向资本主义生产方式及其衍生物:剥削、不平等和贫困。生态危机不可能通过改良来解决,只有通过革命,消灭资本主义制度才能最终消除造成生态危机的社会根源。而要实现这一目标,首先必须实现工人阶级同其他阶层的劳动者、小资产阶级、中产阶级和知识分子的联合。②

沙夫呼吁,在 20 世纪 90 年代新的历史条件下需要一种新的左派。他不断重申,由于第二次工业革命导致的结构性失业,出现

① Gorz Andre, *Capitalism*, *Socialism*, *Ecology*, London: Verso, 1994. pp. 72-73.

② 参见李其庆:《法国学者拉比卡谈“生态学社会主义”》,《国外理论动态》1993 年第 2 期。

了整个文明的转变。当代科技革命即第二次工业革命的社会后果，是传统资本主义意义上劳动的消亡和无产阶级的消亡。人类必须从劳动走向一种新的、更高级的人类活动的形式。在这场旨在改造以雇佣劳动为基础的就业文明的复杂转变过程面前，西方左派比某些右派代表人物更难接受现实。传统的社会主义左派由于回避结构性失业及其原因（第二次工业革命）这一时代的中心问题，在新的历史条件下陷入危机。苏联及其卫星国现实社会主义的解体，表明其在建设社会主义的道路上没有经受住重大历史实验的检验，走进了死胡同。社会民主主义的危机情况更为复杂。自二战后，作为“不知不觉中”发生的社会发展的后果，整个左翼力量表现出明显的右倾化。工会正在失去传统的社会力量，在实践中甚至会起一种非常反动的作用。因此，以往的左派已无力完成它所面临的具体的社会任务，当务之急是建立一种新左派，为解决当代全球问题指明行动方向。新左派不仅要在解决新问题中丰富马克思主义，还必须倾听全面登上社会转变舞台的新角色的观点，与他们在为避免威胁人类的灾难必须采取行动这一点上达成共识。沙夫要求新的左派在组织上把宽容态度贯彻到底，坚持与新社会运动结盟。①

（五）关于摆脱全球生态危机的道路与未来前景

生态社会主义提出走生态社会主义现代化的道路，建立一个生态和谐、社会公正的未来社会。

高兹建设性地提出了生态社会主义的现代化道路。在资本主义条件下，经济合理性与生态合理性互相矛盾。为了解决二者的

① 参见[波兰]亚当·沙夫：《需要一种新的左派》，柴方国译，《当代世界与社会主义》1997年第4期。

冲突，必须进行生态重建。资本主义方向的生态重建只能导致“绿色资本主义”“绿色消费主义”。资本主义生态现代化的道路只是对资本主义所产生的经济合理性的自由运作施加新的约束和限制，而这些约束和限制改变不了资本主义制度的基本趋势，只是扩展经济合理性的范围，增加资本增量的价值。不限制资本主义积累的冲动和通过约束自我来减少消费，就不可能有生态现代化。资本的技术机制剥削了劳动力，还剥夺了个人的生存关系及其意义。生态社会主义现代化要求拯救生活的基本要素，改善生活质量，使生产和利润最大化的经济标准服从于社会生态标准。生态社会主义的现代化意味着范式的转换，其目的是减少经济合理性和商品交换适用的范围，使发展从属于非定量的社会文化目标以及个人的自由发展。因此左派所设想的生态重建必然有其反资本主义的社会主义方向，即走向生态社会主义现代化。它是走向一个基于自我约束的、更节俭的、生态上可持续的消费模式的唯一道路。生态社会主义的现代化试图表明，生态合理性和经济合理性是一个东西。在生态社会主义的模式中，资本主义文明无情地走向灾难性的崩溃。①

拉比卡指出，由于生态危机的全球化趋势，当代生态运动也出现了普遍化、全球化、政治化的三大新特点。这使它更加成为左翼、右翼各个政治派别和政党争夺的领域。虽然生态运动矛头不是指向资本主义的，本身并无明确的政治纲领，但是按照它的逻辑，必然有利于社会主义。生态运动打破了界限，使更多的人客观上集结在社会主义的旗帜下，其发展结果必然导致社会主义。只有社会主义才能拯救地球。在此基础上，拉比卡等人还提出了建

① Gorz Andre, *Capitalism*, *Socialism*, *Ecology*, London: Verso, 1994. p. 42.

立“世界政府”的设想。

第四节 新马克思主义的女性主义

新马克思主义的女性主义是西方各种新马克思主义理论与当代女性主义运动和思潮结合的产物。

与生态运动和思潮不同，新马克思主义的女性主义不是20世纪70年代以后西方新诞生的社会思潮和运动，它有着更长的历史。仅就女性主义而言，它是自启蒙运动以来人类争取自由解放的运动的一部分，也是20世纪以来西方最激进的社会理论和社会运动之一；但是就马克思主义的女性主义而言，它可以追溯到马克思主义创始人和社会主义工人运动中的妇女理论与实践；而所谓新马克思主义的女性主义，则以第二次世界大战后存在主义的马克思主义女性主义为形成标志，是当代女性主义思潮的左翼，代表了女性主义中一种激进的批判力量和派别。新马克思主义的女性主义对资本主义现存制度持激烈的批判立场，它不仅从经济政治压迫的角度批判资本主义，而且从性别压迫等后现代的文化角度彻底否定资本主义，是当代西方反对资本主义的重要政治力量。

一、新马克思主义的女性主义的思想来源

依照历史演进的先后顺序，西方新马克思主义的女性主义主要来源于西方知识传统中的自由主义的女性主义、马克思主义和后现代主义。这三种基本理论与形形色色的新马克思主义思潮的嫁接，形成了当代新马克思主义的女性主义的各种流派和总体景观。

自由主义的女性主义的思想萌发于启蒙时代，在历史上源远

流长。代表新兴资产阶级利益的启蒙学说以理性主义为利器，向压抑人性的“神权”“王权”权威发起挑战。启蒙主义强调人是理性的动物，每个人都应有不受专制权力侵犯的权利，个人应当尽可能地做到自决，摆脱“君权神授”“政教合一”的政府权威的控制。然而，当时的一些启蒙学者并不认为理性主义原则适用于妇女，他们心目中的理性的“人”仅限指男人。如伏尔泰、孟德斯鸠、卢梭等著名学者把妇女视为情感动物，把妇女的角色定为妻子和母亲，反对她们在公共领域承担责任。女性主义者则接过理性主义的口号，要求将理性原则彻底贯彻到女性身上。他们批评部分启蒙学者对妇女的偏见，论证妇女同样具有理性，启蒙的自由观念同样适用于妇女；他们谴责束缚妇女、造成男女不平等的各种陈规陋习，主张给予妇女与男人同等的受教育权和其他政治、经济、社会权利。在历史上女性主义的第一次浪潮(1840～1925年)中，女性主义运动以争取女子选举权为中心，目标是取得与男性平等的政治权利，因此也被称为“女权主义”。女性主义的第一次浪潮为资产阶级妇女所主宰，自由主义的女性主义理论是她们进行实践斗争的指南。自由主义的女性主义的基本理论是理性、公正、机会均等和个人自由；其基本目标是女性全面进入社会生活，获得选举权、受教育权和就业权。经过多年的斗争，在第一次世界大战之前，部分西方国家的女性已经获得了选举权。第一次世界大战期间，妇女解放运动达到高潮。20世纪20年代中期，世界上许多国家的女性都赢得了在法律上与男人平等的政治、经济、社会权利。经过第一次女性主义运动，各国妇女在选举权、教育和就业方面取得了极大的成就。

马克思主义对妇女解放问题做出了重大的理论贡献，对20世纪妇女运动产生了不可估量的影响。马克思主义妇女理论最重要的贡献是把妇女解放与阶级解放联系在一起，为无产阶级的妇女运动指明了方向。在女性主义运动第一次浪潮后期，正是由于西方无产阶级妇女解放运动和十月社会主义革命后苏联妇女的解放实践的影响，极大地推动了当时妇女状况的改善和地位的提高。

恩格斯、倍倍尔和蔡特金是早期马克思主义妇女理论的创建者和主要代表人物。革命导师恩格斯在《家庭、私有制和国家的起源》中，深刻分析了妇女在社会和家庭中所处的状况，揭示了家庭形成与演进过程中妇女所处的受奴役的地位及其形成的阶级根源和历史根源，探讨了资本主义商品生产对妇女的影响，指出了妇女解放的道路。恩格斯关于"妇女解放的第一个先决条件就是一切女性重新回到公共的劳动中去""个体家庭不再成为社会的经济单位"等重要论述，将其妇女理论与马克思主义整个理论体系联系起来，即通过消灭私有制、完成对社会的社会主义改造，来实现妇女解放。恩格斯明确地指出，社会主义才能提供真正充分实现个体家庭经济社会化这一妇女解放的先决条件。只有在社会主义条件下，"妇女的地位，一切妇女的地位也要发生很大的转变。随着生产资料转归社会所有，个体家庭就不再是社会的经济单位了。私人的家庭经济变为社会的劳动部门。"①

德国社会主义工人运动领袖奥古斯特·倍倍尔的《社会主义与女性》(1878)一书是马克思主义关于妇女问题的最有影响的著作之一。倍倍尔像恩格斯一样，认为女性的受压迫状况是阶级社会的产物，只有无产阶级革命的胜利才能最终结束这一压迫。他认为，没有性别的社会独立与平等，就没有人类的解放。既然历史上男性对女性的奴役是与私有制同时发生的，那么女性的完全解

① 《马克思恩格斯选集》第4卷，人民出版社1972年版，第72页。

放和男女平等的实现也只有在一群人统治另一群人——资本家统治工人——的社会消亡时，才能最终实现。到那个时候，家务劳动和子女抚养将成为集体的事情。倍倍尔的马克思主义妇女理论的突出贡献在于，他进一步提出了非经济因素性质的压迫，如文化观念的压迫——性道德上的男女双重标准、传统女性服饰对人的禁锢作用；生理因素所造成的压迫——女性的生育功能对女性地位的影响。

德国社会主义工人运动领袖克拉拉·蔡特金是“三八”劳动妇女节的倡导人，是马克思主义妇女理论在20世纪初的一位重要的实践者。她在担任共产国际女性书记处书记的岗位上，身体力行地推动劳动阶级的女性参与革命的阶级斗争。蔡特金认为，由于在资本主义制度下，劳动女性和她们的丈夫一样受资本的剥削，所以，无产阶级女性所反对的不应当是本阶级的男性，而应当与他们一起，共同投入对资产阶级的斗争。她还指出，女性的解放是工人阶级历史使命的重要组成部分，女性的解放同全人类的解放一样，最终将是劳动从资本中解放出来的事业。

马克思主义的妇女理论和西方自由主义主导的女性主义属于两个根本不同的话语体系，有着各自独立的发展和演进道路。尽管这两种理论有争取男女平等的共同诉求，但它们在根本点上是不同的。西方女性主义理论和运动力争在资本主义制度内获得更多的平等权利，从参政权到财产权、受教育权以及其他社会权利，以改善和提高妇女的地位，但是它始终没有超出资本主义私有制的界限。而马克思主义的妇女理论与马克思主义的理论体系相联系，它的基本要求是批判和改变资本主义制度下的男女不平等状况，使妇女与男人一样成为国家的主人，从政治、经济、文化各方面全面参与社会生活；它的最终目标是推翻资本主义制度，建立社会主义制度，最终实现共产主义。马克思主义认为，只有在这一过程中，妇女才能在全人类的彻底解放中实现自身的解放。马克思主义的妇女理论推动了妇女解放运动第一次浪潮，也为新马克思主义的女性主义理论提供了重要的理论资源。

妇女解放运动在经历第一次浪潮之后，从 20 世纪 20 年代中期到 60 年代末出现了近 40 年的沉寂。女性主义运动陷入停滞期有几方面的原因，一是女性主义第一次浪潮的主体——西方中上层资产阶级妇女在取得选举权、参政权、就业权即获得经济政治地位之后功成身退，她们对无产阶级妇女的解放不感兴趣，也不再具有进行性别革命的动力；二是欧洲无产阶级在第一次世界大战后进行的革命失败后，西方客观上没有革命形势，社会主义运动陷入低潮，也影响了西方无产阶级妇女运动的发展。特别是二战结束后，西方国家的女性沉湎于做一个“幸福的家庭主妇”的舒适生活，失去了她们在 20 年代、30 年代朝气蓬勃的状态，也不再有二战期间积极走上劳动岗位的热情，女性主义理论与实践一度严重倒退。直到 60 年代以后，妇女运动才再度掀起第二次浪潮。尽管女性主义运动的第二次浪潮在总体上仍受自由主义主流控制，但是新马克思主义的女性主义显然对这一浪潮起到了引领和推进的强力作用。40 年代末，西蒙娜·波伏娃(Simone De Beauvoir，1908～1986)率先从存在主义的马克思主义出发，为新马克思主义的女性主义进行了思想动员和理论奠基；60 年代以后，新左派运动推动了各类新马克思主义思潮和流派的普及，各种新马克思主义的女性主义理论从新左派内部分化出来。在此后兴起的西方新社会运动中，新马克思主义影响下的欧美国家的妇女纷纷要求在政治、经济、文化等方面获得真正的、事实上的平等。

20 世纪 70 年代，后现代主义开始在西方学界蔓延。它在“解构”一切理性的基础上，以彻底的相对主义“解构”了马克思主义的历史决定论，否定一切本质主义的阶级政治。在后现代主义倡导的社会多元主义差异认同理念的推动下，新马克思主义的女性主义的发展进入了一个新阶段，从存在主义、结构主义等方法论全面转向后现代的维度，形成了后现代的批判女性主义的理论景观，出现了诸如解构的女性主义、生态女性主义、新发展主义的女性观等新派别。这些理论的目标是批判性别歧视和男性权力，要求各个公共领域向女性开放，反对以表面上的性别平等掩盖实际上的性别不平等。受其后现代取向的影响，一些激进女性主义者（主要是受过高等教育的中间阶级妇女）甚至要求从文化上彻底改变父权制的文化框架与话语表述。新马克思主义的女性主义采取后现代视角，深化了对资本主义的性别文化批判。在新马克思主义发展的后现代潮流中，女性主义运动与生态运动一起，共同成为当代新社会运动中最活跃的两支力量。尽管从总体上看新马克思主义的女性主义还不是一个严整统一的体系，但是它业已构成20世纪后半叶尤其是后30年西方新马克思主义理论的重要组成部分。新马克思主义的女性主义的主要特点是开辟了对资本主义进行文化批判的女性视角和维度。

二、新马克思主义的女性主义的主要代表人物及其思想

新马克思主义的女性主义主要是西方女性主义运动第二次浪潮的产物。二战后，随着生活的富裕和高等教育的普及，西方社会发生了结构变化，逐渐形成了一个新的中间阶层。从20世纪60年代起，新中间阶层的青年、妇女和少数族群等开始表达他们的不满，在西方发达国家兴起了反传统、反制度、反权威的激进社会运动，即新左派运动。新运动中，一批有独立见解的学者去研究各种

形式的马克思主义，西方新马克思主义迅速崛起，成为一种具有重大影响的国际性思潮。这种具有多元性和开放性特点的新马克思主义包括了诸如“黑格尔主义的马克思主义”“弗洛伊德主义的马克思主义”“新托马斯主义的马克思主义”“现象学马克思主义”“存在主义的马克思主义”“结构主义的马克思主义”，等等。新马克思主义的女性主义(自称 Marxist Feminism)就是这种开放的、多元的“新马克思主义”的一个分支，表现为上升的女性主义与兴盛一时的各种新马克思主义理论流派的结合。存在主义、结构主义等各派新马克思主义的女性主义的出现，代表了新一代中间阶级女性在文化上的觉醒与成熟，它与自由主义的女性主义联袂演绎了女性主义运动第二次浪潮，影响延续至今。

当代新马克思主义的女性主义的鼻祖是享誉世界的法国著名作家，当代最负盛名的女性主义者西蒙娜·波伏娃。波伏娃的代表作是《第二性》(*The Second Sex*)。她认为，马克思主义对妇女理论的发展做出了重大的贡献，尤其是关于私有制或世袭财产的私有制的出现是妇女受压迫的一个根本性根源的观点，对研究妇女的历史和现状更是起到了奠基性的作用。她支持马克思主义把妇女解放看作历史行动的观点，认为只有在现代的生产形态下，女性才能释放其自由自主行动的全部潜力。与此同时，她又不完全同意马克思主义的妇女理论的所谓经济决定论立场，也反对弗洛伊德主义关于女性特质的论断，并转而强调女性主义的存在主义视角。她认为，从经济角度研究妇女，是历史的一大进步，社会主义制度终将消灭男女不平等，但“经济一元论”也有其局限性。她在《第二性》中运用大量哲学、心理学、人类学、文学等材料来证明女性自由的障碍不是其生理条件，而是政治和法律的限制造成的。她的名言是：一个人并非生来就是女人，而是变成女人的。她认为,生育是女人受奴役的直接原因。她还从文化观念上批判了“他者”和“他者性”,指出男人如何把自己定义为“自我”,而把女人定义为“他者”,如何以男性为主体,以女性为非主体。她尖锐地指出,这个世界是男人的世界,女人不过是“第二性”。在英文中,“man”指称男人,也可以泛指人类;“woman”却只能指称女人,不可指称人类。在这种指称背后,是对男女两性不同评价的文化积淀,隐含着文化上的性别歧视。但是,尽管波伏娃承认现存的性别压迫是结构性的,然而她却认为女性解放的道路只能靠个人战胜环境的努力,而不是整体的行动。她从存在主义的个人主义立场出发,提出了解决女性解放的途径策略,即女性参加社会工作、成为知识分子并争取对社会进行社会主义的改造,从而最终解决主体与客体、个人与他人的冲突。①

波伏娃的新马克思主义的女性主义理论在女性主义的发展史上具有经典地位,《第二性》被誉为女人的“圣经”。波伏娃又是西方女性主义学者中对马克思主义妇女观进行论述的第一人。她的观点引发了西方女性主义运动第二次浪潮,直接影响了 1968 年青年学生发起的新左派运动。在 20 世纪 60 年代女性主义第二次浪潮的巅峰期,新左派中的一些年轻的马克思主义者日益疏远传统马克思主义,日益接近人道主义。这种新马克思主义理论对西方学术界带来很大影响,他们对待西方女性主义的态度也比过去开放和宽容。正是由于历史条件的变化,新马克思主义得以将马克思主义与女性主义这两种本来各自独立的理论结合起来,第一次在西方女性主义理论中引入了马克思主义的方法论。当代新马克思主义的女性主义已经成为当代新社会运动的主要流派。对新社

① 参见[法]西蒙娜·波伏娃:《第二性》,陶铁柱译,中国书籍出版社 2004 年版。

会运动产生辐射作用的新马克思主义的女性主义理论虽然属于左翼范畴，但是仍与传统马克思主义左翼保持着批判性距离。

在20世纪70年代女性主义经历了后现代主义文化转折后，脱胎于结构主义的后结构、后现代的马克思主义的女性主义开始抛弃60年代流行的存在主义的马克思主义的女性主义。她们认为波伏娃已经过时，批评她的男女平等思想中有把女人男人化的缺陷，指出她的"独立女性"的理想形象是无子女的、不结婚的职业女性，忽视了应当受到重视的女性差异，低估了女性的品质。后现代主义的马克思主义则对女性主义运动和历史进行了全面的理论反思。后现代马克思主义的女性主义在方法上反对将两性的两分状态固定化，在理论上提出：传统马克思主义存在性别盲点，激进女性主义存在阶级盲点；新马克思主义的女性主义要克服这两个盲点，把妇女受压迫的根源看作是资本主义和男权制两个制度；女性必须消灭这两个制度，实现阶级和文化的双重解放。这一时期，英美活跃着一大批出生于40年代的新马克思主义的女性主义学者。这一流派最著名的代表人物有费尔斯通(S. Firestone)、巴雷特(M. Barrett)、米歇尔(J. Mitchell)、哈特曼(H. Hartmann)、弗格森(A. Ferguson)、罗博特姆(S. Rowbotham)、沃格尔(L. Vogel)和格拉汉姆(G. Graham)等人。

舒拉米斯·费尔斯通，美国激进的女权运动活动家，毕业于芝加哥艺术学院。她的代表作是《性的辩证法：以女性主义革命为例》(1970)。费尔斯通在这本书中，用马克思主义的历史的、唯物主义的辩证法分析了社会活动的三个层次：性、阶级和文化。她认为，社会生活中最基本的不是阶级分工，而是性的区分。女性的依附身份和地位是以人的生物学为基础的，生育使女人依靠男人才能生活。因此，女性的解放必须要靠"生物革命"和与此相关的一系列技术进步。她指出,家长制这种社会文化形态根据生物学而把女性看成“不同的类”[①],以便继续把女性囚禁在家中,而男人出门进入征服自然的天地。而当代科学技术的发展已经具备了使女性摆脱性和繁衍角色的“基本的生物学条件”[②],在“控制论的社会主义”条件下,雇佣劳动也即目前工人阶级男女的命运不再是必然的。在人类历史上,可想象的东西第一次成为可能的东西,文化领域(科学方式和审美方式)将不需要分离,因为所有人在生活活动中都可以是艺术家。费尔斯通的著作被誉为分析女性受压迫根源的最早尝试之一。

米歇尔·巴雷特,英国马克思主义女性主义理论流派的主要代表人物之一。她的代表作是《当今妇女的压迫:马克思主义与女性主义相遇》。该书自1980年出版以来多次再版。巴雷特从女性气质、意识形态、教育制度、劳动区分、家庭以及国家政治等角度,对新马克思主义的女性主义观点进行了阐述。她认为,在当代妇女运动中坚持“个人的是政治的”,就等于把性别政治作为一个重要斗争领域建立了起来。这一成就让人们认识到性关系是政治的,因为它们是通过社会化过程建构起来的。“性政治”领域在当代生活中的确立,是激进女性主义的一大贡献。米利特的《性政治》和费尔斯通的《性的辩证法》都对此进行了充分的论述。她们使人们看到在性实践中存在着政治,存在着权力不平等的问题,而且还导致了旨在消除这些问题的妇女解放运动。巴雷特指出,对男性统治的意识形态压迫的批判还不足以说明资本主义制度下妇

① ShuLamith Firestone, *The dialetic of sex*: *The Case of Feminist Revolution*, New York: Morrow, 1970, p. 83.

② ShuLamith Firestone, *The dialetic of sex*: *The Case of Feminist Revolution*, New York: Morrow, 1970, p. 34.

女所受的压迫，因为在私人领域内的压迫与生产关系、阶级结构有着广泛的联系。她试图从意识形态与社会性别文化生产之间关系的角度对这种广泛联系进行说明。

朱丽叶·米歇尔，当代妇女解放运动的主要理论家之一，英国新马克思主义的女性主义的头面人物。她的代表作是《妇女：最漫长的革命》和《妇女的地位》。米歇尔致力于把激进的女性主义和社会主义的女性主义相结合。她宣称："我们同社会主义的联系永远不会成为问题，因为我们可以把科学社会主义作为一种方法来分析我们受压迫的特性并从而分析我们的革命任务。"①"我们应当提出女性的总是要试图给出马克思主义的回答。"②在1968年西方新左派造反运动中，她在理论上揭示了资本主义消费社会的意识形态矛盾，把中间阶层的激进主义看作是这个制度要求通过教育机构、广告和宣传媒介以及家庭生活来实现其社会再生产的反映。由此，她在政治上敏锐地认识到：被压迫集团，"即在文化上和经济上都同样感受到压迫的集团"的作用有所扩大。米歇尔起初对家庭进行了结构主义的批判，后转向精神分析学，认为"马克思主义的理论解释了历史和经济状况，而精神分析学与用辩证唯物主义所已获得的意识形态概念相结合，是理解思想意识和性的手段"。③

莉丝·沃格尔，美国新马克思主义的女性主义的主要代表人物之一。其代表作是《马克思主义和妇女压迫》和《马克思主义和社会主义女权主义》。沃格尔不赞成把对社会性别关系的分析排除在马克思主义之外，也反对把资本主义批判与父权制批判看作

① Juliet Mitchell, *Women's Estate*, New York: Pantheon Books, 1971, p. 92.

② Juliet Mitchell, *Women's Estate*, New York: Pantheon Books, 1971, p. 99.

③ Juliet Mitchell, *Psychoanalysis and Feminism*, New York: Pamtheon Books, 1974, p. XXI.

两条线索的批判。在她看来，资本主义和父权制不是两大压迫体系，而是一个东西，资本主义是一种整合的资本主义父权制。资本主义的再生产需要男性对女性劳动力的控制，需要建立在妇女家务劳动基础上的社会再生产的维持。她的观点与传统马克思主义的分析不同之处在于，认为工人阶级妇女所遭受的压迫是特定的性别压迫，工人阶级妇女因其性别所受的压迫是来源于资本主义制度，而不是工人阶级男性。沃格尔的问题是她没有考察前资本主义的性别压迫，也没有看到社会主义运动和工人阶级中男性和女性存在的利益冲突，忽视了性别冲突的普遍性。

新马克思主义的女性主义的主要代表作还有海蒂·哈特曼的《资本主义父权制和性别导致的工作隔离》，安妮·弗格森的《性民主：妇女、压迫、革命》等。

经历20世纪80年代西方的保守主义回潮，90年代以后女性主义运动总体陷入低潮，甚至出现了仇视女性主义的文化氛围。曾经有人用后现代女性主义的出现来预言女性主义第三次浪潮的到来，但新浪潮至今也没有发生。在这一背景下，女性主义的发展出现了两个特点：一是从运动层面转向理论层面，高校和研究机构成为主战场，表现为女性学学科和各学科的综合性女性研究视角的形成；二是女性研究呈现去政治化倾向，侧重多元文化主义的文化研究和务实的实证分析，避免触及政治意识形态。女性性别差异研究发展为西方多元主义认同政治的一个独立的领域。新马克思主义的女性主义强调女性的性别差异特征，并由此引申出新政治学的重要资源。尽管90年代以后新马克思主义的女性主义走不出社会多元主义的思想窠臼，但其中也不乏新人物，如吉普森·格拉汉姆。

吉普森·格拉汉姆对资本主义发展的新阶段——全球化资本

主义的一些问题展开了分析。格拉汉姆指出，20 世纪 80 年代和 90 年代的资本主义经济发生了很大变化，曾是工人阶级战斗堡垒的工业已经衰落，代之而起的是高科技与服务行业 。在这些新兴的产业中看不到类似于过去工人阶级的团结传统。另外，妇女大批涌入劳动力市场和非全日制工作，虽然为工人阶级注入了新的力量，但她们的工作特点使她们很难产生出有共同认同基础的工作经验与阶级意识。这样，资本主义工业结构的重组打破了工人阶级的“团结”，劳动力市场的女性化又成为劳动力重组中的一个最深远的变化。在这种新的经济条件下形成的“新”工人阶级，使资本主义能够利用差异性来为资本主义服务。格拉汉姆认为应该在语言和行动上坚决向资本主义全球化这种超级霸权发起挑战。她认为，工人们可以用国际主义的办法来对付这种资本的国际化，并最终取得胜利，为此她鼓励妇女参与到反对传统性别角色分工的斗争中。格拉汉姆以更宽广的眼界关注全球化对西方和第三世界女性处境的影响，代表了新马克思主义的女性主义的当代批判高度。

后　记

国外马克思主义研究是一项浩大的工程，目前国内学术界出版了众多相关著作。本书编写组站在前人的肩膀上，根据党校（行政学院）学员的特点和相关教学要求，有针对性地编写了国外马克思主义的有关知识，以帮助学员拓宽理论视野，提高马克思主义理论素养和水平。

本书由山东省委党校（山东行政学院）马克思主义学院院长林学启任主编。具体参与本书编写的人员分别是山东师范大学的杨东东副教授（负责第一至三章的编写）和山东省委党校（山东行政学院）的张雷刚博士（负责第四章的编写），文稿已经山东省委党校（山东行政学院）教务处组织专家把关审阅。

本书编写得到了山东省委党校（山东行政学院）校（院）委的高度重视，亦得到了山东大学出版社的大力支持。在此，一并致谢！

编　者

2020 年 8 月